武院纪語

陈一丹 著

人民东方出版传媒
東方出版社

图书在版编目（CIP）数据

武院纪语 / 陈一丹著. — 北京: 东方出版社，2021.6
ISBN 978-7-5207-2128-8

Ⅰ.①武… Ⅱ.①陈… Ⅲ.①教育-文集 Ⅳ.①G4-53

中国版本图书馆CIP数据核字（2021）第089350号

武院纪语
（WUYUAN JIYU）
陈一丹 著

责任编辑：胥　一　杜丽星
出　　版：东方出版社
发　　行：人民东方出版传媒有限公司
地　　址：北京市东城区朝阳门内大街166号
邮　　编：100010
印　　刷：天津市豪迈印务有限公司
版　　次：2021年6月第1版
印　　次：2023年3月北京第3次印刷
开　　本：880毫米 × 1230毫米　1/32
印　　张：10
字　　数：200千字
书　　号：ISBN 978-7-5207-2128-8
定　　价：48.00元
发行电话：（010）85924663　85924644　85924641

明德创新，解行并进。

自　序

从 2007 年起逐步投资，到 2009 年正式兴办武汉学院，我心怀热望一头扎进了办学的莽原。彼时，武汉学院还是挂靠的二级学院，不仅没有自己的独立校园，办学机制、文化建设亦付之阙如。

办学有两个进路，一“硬”一“软”。前者包括校园兴建、师资引进，尚有一定标准可循；而“软件”则又可分为成文成制的规章，以及看不见、具体而微的校园文化。虽未有过办学经验，但我心中已然认定，校园文化恰恰乃一校之血脉与精气神，颇为关键。因此，我虽不善宏谈大论，仍亲自上阵作颁奖演讲；不喜繁文缛节，仍力主推动办毕业典礼。一个年中，一个岁末，我两次直接和师生交流沟通，如此下来，学院上下整体士气得到很大鼓舞，武汉学院的校园文化也由此破土萌发、葳蕤蔚然。

现今摆在师友诸君面前的文字，便是我过去十二年来讲座与演讲的文字合集。古人称十二年为一纪，因岁星绕行一周需十二寒暑春秋。斗转星移，一纪一轮回。在此它不仅指时间跨度，亦为纪言纪事：有筚路蓝缕的奋发，有人仰马翻的挫折，也有高歌猛进的欢欣。

十二年很长，十二年又很短。回首望去，恰如一串浅浅深深、蜿蜒曲折的足之印痕。

办学既要用一只眼睛盯住学校、教育本身，又要用另一只眼睛看世界，感知未来变化。接受教育不仅仅是学习知识，更重要的是扩大视野，为人生打开更大的一扇门。

我有游历的习惯，每新到一地，都尽量去当地大学看一看，交流交流，多了解多学习，了解不同大学的创立初心、发展轨迹、特色成就和校园文化。除英美名校之外，我还履及北欧、中东等地，以及加拿大、孟加拉国、哈萨克斯坦等诸多国家的高校，继而不限高校，文理学院、教育机构、中小学等均逐渐被纳入视野。很多场景至今仍能带给我无尽启示。比如，美国安多福中学致力于建立一个鼓励不同背景和信仰的人互相了解和尊重的环境。学校认为："仅有善良而缺乏知识是软弱的，然而只有知识却缺乏善良是危险的。（Goodness without knowledge is weak, yet knowledge without goodness is dangerous.）"

普林斯顿大学有一个著名的图书馆，叫作 Firestone Library

（燧石图书馆），藏书超过 600 万册。我们进入馆内，一眼就能看到学生赠送的镶木金属字：“该馆带领我们通往书本中无穷无尽的机会和变化。”

凡此种种，都触及教育的要旨：人格为先，善己及人，通往未来。

教育是慢功夫，是心与心的交流，事与事的砥砺。过去我常讲，为人师者需持“育人”而非“教人”的心态。历次演讲我尽量避免说教，说的不是大道理，更多是访学、办学过程中的观察、体悟。这是对知行的记录与印证，也是教学相长、相互激发的过程。每年与师生的分享，如果能够带来一点启发，些许喜悦，便是人间值得。

文稿整理完毕时，我特地做了一个词频统计。“我们”一共出现了 908 次；名词提及最多的三个是“学院”360 次、“学生”306 次、“学校”265 次；动词使用最多的三个是“学习”139 次、“需要”124 次、“看到”121 次；使用最少的动词是“接受”，13 次；形容词使用最多的是“不同”，104 次；时间词使用最多的是“未来”，114 次。

这些高频的词语如果浓缩成一句话，大概披露了我的心迹：教育的主体——学院、学校、学生，都需要看到未来；教育不是单纯地提供和接受，而是“我们”一起创造不同、创造新的可能。

星霜一纪更，未来还有很长的路要走，还有很多事要做。教育播撒种子，文字传递力量。我有一个梦想，未来有一天，曾经的少年学而有成，回到母校讲席做分享者，我坐在台下为他们鼓掌喝彩。

《国语》有言：“蓄力一纪，可以远矣。”每年的两次演讲，我在乎的是彼时彼刻对师生的全程激励和真诚分享；如今累计十二年下来，也成为一道我与师生共同成长的心迹。

第一年的演讲题目“明德创新，解行并进”成了武汉学院的校训，激励师生坐言起行，切愿力行，幸甚至哉！人生不过弹指一挥间，吾生有涯而知无涯，教育解行的旅程还在继续；光阴顺流而下，品学逆流而上，我愿与诸君一道携手同行，甘苦并乐。

是为序。

陈一丹

辛丑年春

目　录

历年“陈一丹奖教奖学金”颁奖典礼上的讲话

明德创新　解行并进
——在2010年度“陈一丹奖教奖学金”颁奖典礼上的讲话　003

群策群力　迈步开局之年
——在2011年度“陈一丹奖教奖学金”颁奖典礼上的讲话　017

从心出发　拥抱成长
——在2012年度“陈一丹奖教奖学金”颁奖典礼上的讲话　035

明师、明生、明校
——在2013年度“陈一丹奖教奖学金”颁奖典礼上的讲话　057

聆听，世界创新的声音
——在2014年度“陈一丹奖教奖学金”颁奖典礼上的讲话　089

锐意变革　创新同行
——在2015年度“陈一丹奖教奖学金”颁奖典礼上的讲话　121

心中有这个世界
——在2016年度“陈一丹奖教奖学金”颁奖典礼上的讲话 151

武汉学院改革，让我想起了它
——在2017年度“陈一丹奖教奖学金”颁奖典礼上的讲话 187

面对才会有勇气和智慧
——在2018年度“陈一丹奖教奖学金”颁奖典礼上的讲话 205

团结谋发展　齐心护春芽
——在2019年度“陈一丹奖教奖学金”颁奖典礼上的讲话 215

步履不停　安心成长
——在2020年度“陈一丹奖教奖学金”颁奖典礼上的讲话 239

历年武汉学院毕业典礼上的致辞

人生就是弹指一挥间
——在2013年武汉学院毕业典礼上的致辞 259

请带着感恩的心情走向社会
——在2014年武汉学院毕业典礼上的致辞 265

启知敏行，卓见未来
——在2015年武汉学院毕业典礼上的致辞 269

毕业是丈量人生的新起点
——在2016年武汉学院毕业典礼上的致辞 273

做人不妨带三分傻气
——在2017年武汉学院毕业典礼上的致辞 279

思考的勇气
——在2018年武汉学院毕业典礼上的致辞 283

个人与时代的共振
——在2019年武汉学院毕业典礼上的致辞 287

世界在变，何处？何如？
——在2020年武汉学院毕业典礼上的致辞 291

时刻记取人性的光芒
——在2021年武汉学院毕业典礼上的致辞 301

后　记 308

历年『陈一丹奖教奖学金』颁奖典礼上的讲话

“陈一丹奖教奖学金”由陈一丹先生在2010年捐赠1000万元人民币设立，每年额度100万元，用于奖励全身心投入教育、科研事业的模范教师，乐于奉献、有突出贡献的行政管理人员，以及品学兼优、有志于服务社会的优秀学生，设有“教育功勋奖”“科研贡献奖”“科研创新奖”“科研项目立项奖”“教师典范奖”“学生领袖奖”“卓越学生奖”“杰出学生奖”等奖项。

从2010年到2020年，“陈一丹奖教奖学金”共奖励、资助该校500余名师生和超过380个科研项目。2020年，陈一丹基金会宣布再为“陈一丹奖教奖学金”捐赠1000万元，开启新的“十年之约”。

明德创新　解行并进

——在 2010 年度“陈一丹奖教奖学金”颁奖典礼上的讲话

亲爱的老师们、同学们:

“大学培养什么人”这个话题虽然欠缺新意，却是教育办学的一个很本质的话题。

“我在大学里学什么？做什么？”各位同学在入学之前是怎么想的？现在的感受又是否与当初一样？我想统计一下。

请大一的“新同学”问自己一个问题：我对大学生活有什么规划？

1. 完成学业（毕业）;

2. 考研、考取专业资格证;

3. 享受大学校园生活;

4. 其他。

（统计：请一年级的同学举手。）

请“老同学”问自己一个问题：我的大学生活收获了什么？

1. 专业知识；

2. 思维方式、学习方法；

3. 结识同学和朋友（收获友谊或爱情）；

4. 个人思想提升（志向明确了、做人做事成熟了等）；

5. 其他。

（统计：请二、三、四年级的同学举手。）

从统计结果来看，每个人的收获是不一样的。我也想就此引出这次心得分享的目的，在大学里，我们的学生应该学到什么，得到怎样的成长？我们的老师应该培养出什么样的学生？

人生有众多的指标，你的指标是什么？

人是有生命周期的，在这个生命周期里，每个人都有着众多指标。外界如何评价一个人，你又是如何看待自己的，各种指标的说法多年来有着不同流派。西方比较注重量化的评价。

美国励志演讲家詹姆士·雷在《和谐财富——吸引幸福与财富的秘密》一书中提到，他用了20年时间考察各领域中创造了真正财富的人，研究他们的思维方式、行为方式和习惯，创造出一门“成功与和谐财富的科学”。我们暂且不管这个名称，关键看内容有无道理：

1. 第一个指标，财务状况。有没有钱，这符合当前大众普遍的评价体系。人首先要有渴望的“粒子”，想成为一名有财富的人，然后由强烈的意向不断内转、进化，最终产生结果。他书中的一个观点是，财富不是赚钱的结果，赚钱才是财富的结果。关系的财富、知识的财富、健康的财富以及精神的财富，拥有这些和谐的财富，自然就赚钱了；相反，没有五根“支柱”的和谐，一个人永远也不会富有。

2. 第二个指标，关系。爱情、友情、亲情，都是关系。每个人有三种主要关系：与自己的关系——如何评价自己、看待自己，有多相信自己，自我对话（包括自我激励和自我反省）；与他人的关系——如何评价他人，与他们沟通；与世界的关系——如何看待、评价你所在的大小社群、自然界。哪一个最重要？自己首先是“对”的人，与自己产生和谐关系，其他关系才能自然和谐。

3. 第三个指标，心理。你是谁？你活着的意义是什么？你的心理在回答你自己。书中提到要“喂养你的心智”，因为人类有知识有思考，与其他动物不同。作为一个人，你应该更好地利用时间，不要迷恋无营养的电视肥皂剧或速食的八卦杂志；无论是读书还是实践，学习将使你终生受益。

4. 第四个指标，身体。大家都知道，身体健康是“1”，其他指标都是“1”后面的“0”。一定要照顾好自己的身体，关注自己的饮食、运动、所处的环境。

5. 第五个指标，灵性。这是唯物者比较少接触的一个词，甚至带有一些神秘主义色彩。提到灵性，我们会联想到人的“心”“灵魂”“信念系统”。这根“支柱”连接的是你的“源头”，在人生旅程中赋予你意义，让你体验到喜悦和痛苦。但是这个属于你自己的“源头”很难定义，一般认为信仰、理想是通往灵性的桥梁。我们不去评论这个是否形而上学，但有一定积极意义的是，你是世界上唯一的你，不用去和别人比较，只要你的内心信念——也就是中国人讲的“精、气、神”——稳定、坚定、集中，你的行动就是成功的。

大家有兴趣可以去看看这本书。人的指标是很多的，我们要看到人的整体性。各项指标达到和谐与富足，人生就会和谐与富足。那么，大学要培养什么样的人呢？培养出来的学生是否都有丰盈的指标呢？作为老师，如何去培养学生？作为学生，又如何在大学里达成这些指标？

让我们回归原点，品味老祖宗带给我们的智慧。

大学之道，在明明德，在亲民，在止于至善。

——《大学》

在古代，学生八岁入学，学习基础文化知识和礼节；十五岁读《大学》，学习“穷理正心，修己治人”的学问。一般认为，《大学》的作者是孔子的学生曾子。

《大学》开宗明义阐述了“明德”：“大学之道，在明明德，在亲民，在止于至善。”这段话的意思是：大学的宗旨，在于弘扬光明正大的品德，在于使人弃旧向新，在于使人达到完善的境界。此之谓“大学之纲领”。当时的品德主要指的是古德：仁、敬、孝、慈、信。

古之欲明明德于天下者，先治其国。欲治其国者，先齐其家。欲齐其家者，先修其身。欲修其身者，先正其心。欲正其心者，先诚其意。欲诚其意者，先致其知。致知在格物。

——《大学》

如何才能“明明德”，成为一个认同、践行和弘扬美德的人呢？《大学》列出了“格物、致知、诚意、正心、修身、齐家、治国、平天下”，此之谓“大学之条目”。

我所理解的大学之道：明德的第一个层次——格物、致知、诚意

格物、致知——“到达”事物内部，认识和研究事物，获得知识。世界不断在变，知识不断在变，与时俱进是唯一的不变。所以我们要培养自己学习的乐趣，养成终身学习的习惯。

诚意——意念真诚无妄。这是价值取向的问题，“所谓诚其意者，毋自欺也。如恶恶臭，如好好色，此之谓自谦”。做你喜欢的事情，这很重要。大学生们立志，要培养自己的兴趣。如果所学专业是自己喜欢的，恭喜你；如果将来就业是你喜欢的，恭

喜你；如果将来的事业是你喜欢的，恭喜你；如果现在或将来的学习、生活和工作状态是你喜欢的，恭喜你！如果不清楚自己喜欢什么，志趣在哪里，建议沉下心来，立足现有状态，广泛涉猎，逐渐找到和明确自己喜欢的目标和方向。

我所理解的大学之道：
明德的第二个层次——正心、修身

正心——心思端正。这是态度问题、情绪控制问题、修养问题，也可以是心理健康问题。不良的情绪，如愤怒、恐惧、忧虑，会给人的心理带来很大的伤害，产生负面的压力。压力，往往不是来自事情本身，而是来自你对事情的态度，可见正面的态度是多么的重要。

修身——修养自身的品性。我举一个自身的例子。腾讯几位创始人一开始合伙创业，除了因为是知根知底的中学和大学同学，也因为有共同的价值观。创业多年，创业伙伴间没有本质的矛盾冲突，关键是因为大家都不自私。当公司基本框架和机制建立后，大家一心将“企业蛋糕”做大，一切出发点都是为了公司，以对公司发展有利为目标作最好的判断和决策。同样，有利于家庭的方式就是家庭里处理问题最好的方式，有利于团体的方式就是在这个团体里处理问题最好的方式，努力做到公平、公正、公义。家庭好了，团体好了，实在地讲最终获益最大的是你

个人，懂得这个道理，就晓得不自私的重要性。

我所理解的大学之道：明德的第三个层次——齐家、治国、平天下

树立一个明确信念，做明德之人。

齐家——儒家传统道德观：孝悌、仁慈、礼让。

治国——治理国家，延伸为为国家服务。教师、医生、公务员，各行各业，从事的都是为国家服务的事情。

平天下——使天下“平”。

小到在一家企业、大到在一个国家，作为领导人，做好自己是立身的根本。一是以身作则，二是推己及人；既要起到榜样作用，以德为本，也要做到己所不欲，勿施于人，制定政策、决定事情的时候，多从当事人角度出发，换位思考，以人为本。

因此，所谓“明德”，就是心中要有一个明确的信念，树立一个信仰，无论身处何种状况，都让这个信仰来支撑你，推动你，这是很重要的。

说到信仰，西方国家往往以宗教为载体，使其从小就深深地烙印在孩子的家庭和社区生活中，自然而然地成为其生命的一部分。中国人的信仰，几千年来更多以文化为载体。中国传统文化，主流是儒家的仁义礼智信，贯穿在人与人的相处关系中，孩子自小就在启蒙教育中接触并得到滋养。中国人的信仰也包括追求人

类社会远大理想的共产主义理想。你在不断学习、进步的过程中，心中要有一个信念，做一个“明德”之人。作为学生，那意味着什么呢？对自己，是有信心有信念；对他人，与人交往上是合作共赢和相互体谅；对事物，能找到合适的方法去了解和处理。

我常赞叹我们的老祖宗，“明德”二字，涵盖了大学之道，涵盖了做人做事的各方面，古往今来大家也都引以为灼见，不少高等院校纷纷将其采纳为校训。

我所理解的大学之道：创新

我所理解的大学之道还应该包括一个非常重要的指标：创新。创新是不断进步的源泉；创新要基于科学基础；创新要有创新的思维和习惯；创新要从我做起，从力所能及做起。

目的——其实，创新就是为了不断进步。如果说中华文明属于农耕文化，强调人与人之间的关系，纵使谈“新”，也是谈去恶从善，从思想上去自新。西方则是海洋文化，是冲向大自然的文化，是征服的文化，是讲实力、讲利益、讲物质实效的文化，在这样的社会文化背景下，自然需要不断地革新。我国改革开放的 30 年，先是思想的革新，然后不断地学习，不断地创新，直到今天，生生不息。

基础——创新，要基于“科学”这个基础，在尊重和掌握事物客观规律基础上不断探索，推陈出新。在大学里树立科学的态度、掌握学习知识的方法、练就思维探索的能力，很重要。

路径——一方面，要有创新的习惯和精神，尤其是在科技发达的今天，信息快速传递的今天。我们要有危机意识，今天还占据优势的，明天就有可能过时；今天还是新思维，明天就有可能是旧思想了。要积极主动努力，不断创新，这会给我们带来很多乐趣和益处。另一方面，创新要从我做起，从力所能及做起。在不同阶段用心去做，做好了就是突破。创新的结果，从小处讲，对事情有帮助，从大处讲，对社会有贡献。

只要时间在走，时代在变，我们就需要不断创新。

我所理解的大学之道：解行并进

如果说明德、创新是我所理解的大学之道，那么，大学生如何做到明德创新？大学校园应该培养怎样一种精神和风气呢？这里提出四个字：解行并进。

解行并进，其表现形态是“知行合一”。“知行合一”是由明代思想家王阳明提出来的，他认为，认识事物的道理与在现实中运用此道理，是密不可分的。

解行并进，体现出来的是“实事求是”的作风。“实事求是”一词，最初出现于东汉史学家班固撰写的《汉书·河间献王传》，即“修学好古，实事求是”；后来王阳明也倡导“实事求是”的学风。我的理解是，实事求是，实际上就是知与行的辩证统一。

“行胜于言”是清华大学的校训，南京大学有“励学敦行”，北京师范大学有“行为世范”，中山大学有“明辨笃行”，西南交通大学有“果毅力行”，这些校训侧重强调的都是实干精神。这在学习上、工作上、生活上，乃至做人、做事，在家庭、团体、社会中相处与合作，都是非常值得推崇的一种作风。我努力去追溯这种说法的原点，发现其源自古人修学、修行的方法，那就是“解”和“行”。这种从认知到身体力行的学习方法，我非常赞赏，觉得如果用“解行并进”一词，可能会表达得更为准确和合适。

我所理解的大学之道：“解行并进”之“解”与“行”

同学们应该都有这个经验，在做数学题的时候，先写个大大的“解”字。写下这个“解”字，表示你懂了，我认为也是自信心的表现。

我们都熟悉“解”：了解事物和人的规律、本质和真相。在大学期间，“解”可以理解为学习。作为学生，学习知识、了解事物、掌握方法，把学习放在一个很重要的位置。在大学期间，建议同学们在学习的过程中尽可能广泛涉猎，不管是广度还是深度，都尽可能地“听从”自己的兴趣。慢慢的，你会体验到学习的快乐；逐渐培养适合自己的学习态度和兴趣，这将使你终身受用。学习，对知识如是，对做人也如是，我们学习如何做一个新时代的大学生，学习如何做一个毕业生。面对一场考试的压力，面对一场同学之间的竞争和友谊，面对一场恋爱，都是学习。

“行”，就是实践。毫无疑问，“行”是关键的。“读万卷书，不如行万里路”，“实践出真知”，“实践是检验真理的唯一标准”，这些格言都告诉我们，大家真正得到的收获，都是通过实践学来的。

我所理解的大学之道:“解行并进”之“并进”

“解”与“行”，是相辅相成的，因此提出“并进”。如果只“解”不“行”，或是只“行”不“解”，都前进不得。“解”了，要鼓励“行”，这里往往容易犯的毛病是，自以为“解”了，就“行”得少，结果“解”得不透彻;“行”了，同时也要在“行”中“解”，否则错误了不知道，正确的不知晓，造成这个“行”没有进步的意义，而且还会在下一次“行”中重复做无用功。因此“解”与“行”，两者只有齐头并进，才能取得最大的成效和进步。

在佛学修行中，提倡身体力行地学习，通过“解行相应”来感悟。作为新时代的大学生，“解行并进”，也意味着进步、进取，体现我们大学生的精神。

接下来，想和大家分享一些我在工作生活中遇见的、经历的人与事，再深入谈谈对“解行并进”的一些感悟。

我所理解的“解行并进”：热爱生命

上个月，我们邀请了澳大利亚演讲家尼克·胡哲（Nick Vujicic）先生来中国进行一次以励志、感恩为主题的巡回公益演讲。尼克先生天生无手无脚，他对生命怀疑过、沮丧过，也自杀过。后来，他不断寻找自己的目标，直到决定要成为一名演说家，用自己独特的演讲影响更多的人。他找到了目标，也就找到了自己的人生价值。尼克先生的现场演讲，拥有一种激情澎湃的生命力，一颗由衷而发的感恩的心，充满对生活的自信和热忱。

了解了尼克·胡哲的故事，相信我们每一个人在感动之余，都会有一份感悟。我们会不由自主地一再问自己，人生的意义是什么？上大学的意义又是什么？如果在人生的旅途中，总习惯于与他人比较，与外界比较，往往只会在比较中看到自己的不足，从而滋生痛苦。如果将参照物变换一下，换成自己，每天促使自己进步，每天看到的都是收获，每天都有快乐。因此，“解行并进”是一种心态与习惯，它源于对生命的尊重、对生活的热爱。

我所理解的“解行并进”：自强

自强，就是“内求”，而不是抱怨别人、抱怨社会。

我在大学一年级的时候，对竞选系学生会主席投入了很多精力，结果还是失败了。我一度怨天尤人，沉湎于听人数落胜选者的种种不是，后来发现这种状态不仅对事情的结果没有任何帮助，反而自己的精气神也涣散了。于是我很快回到具体、扎实的学生工作中来，做好学生服务，二年级时就顺利竞选成功了。

在这里，我们来分享两部电影。一部是一年前出品的印度校园青春片——《三傻大闹宝莱坞》，反映的是印度大学生的思考和生活。这三位大学生之中，兰彻是物理天才，对物理极度喜爱且能活学活用，但因特立独行，得不到老师和同学的理解；法汉想成为野生动物摄影家，但他那有威望的爸爸希望他成为工程师；拉杜一心想成为工程师，却背负着家境贫穷带来的生活负担，沉重的压力造成的恐惧让他不能安心读书，甚至在压力下自杀导致昏迷。然而，他们没有放弃，反而以各自的方式与逆境抗争。最终，兰彻成为当地卓有成就的物理发明家；法汉勇敢地向父亲表明自己的理想，得到父亲的认可，成为著名的动物摄影师；拉杜在自杀失败后幡然醒悟，直面人生，坦然面对自己，最终也实现理想，成为一名工程师。影片非常励志，发人深省。

我在读书的年代，看了电影《逃学威龙》，也是讲校园生活的。说句实在话，周星驰搞笑功夫很好，轻松娱乐的电影情节消除了学习的疲劳，也减轻了学习的压力；然而从故事内容看，同学们如果真的成为“逃学威龙”，也只能是短暂地逃避，也许会获得一时的快感，但真正的快乐人生终将离你而去。

两部电影心得的分享，就是希望同学们积极思考什么是自强。

明德——经典的智慧。

创新——时代的要求。

解行并进——终生受益的心态和习惯。

同学们，无论是三年制还是四年制，大学生活都是你们难得的美好时光。你就是独特的你，你所在的学校就是你独特的校园生活环境，珍惜时光，努力做明德之人，培养你的浩然之气；不断创新，给你的生活带来乐趣，给你的思想带来成功的喜悦；不断在解行并进中成长，在大学阶段将之培养成为你的一种生活常态。

最后，祝愿在大家的共同努力下，老师和同学们都取得进步，学校各方面的建设得到发展。今年春来早，再过二十多天就是春节了，我在这里拜个早年，祝大家新春快乐！

2011 年 1 月 10 日

群策群力　迈步开局之年

——在2011年度“陈一丹奖教奖学金”颁奖典礼上的讲话

亲爱的老师们、同学们:

大家晚上好!

又是一年春意早，在春天即将到来之际，很高兴又与大家如约见面了。我怀着喜悦的心情来到第二届“陈一丹奖教奖学金”的颁奖典礼。过去的一年，老师们潜心教研、忘我工作，同学们发奋学习、志存高远，秋去冬来，你们用汗水浇灌了鲜花，用辛勤换来了收获。无论是入围的还是获奖的师生，让我们再次用热烈的掌声向他们表示祝贺!

设立这个“奖教奖学金”，旨在推动武汉学院教学与科研事业的发展，提升学生的综合素质，帮助学生尽快地成长。武汉学院每一位全身心投入教育、科研事业的优秀教师，以及品学兼优、有志于服务社会的优秀学生，都将是这个奖项的受益人。今天再次来汉，我欣喜地看到，武汉学院的面貌日新月异，教师科研成果不断涌现，学生社团活动丰富多彩，师生共创佳绩。在今天的获奖者中，有完成教育部青年基金项目立项的年轻博士，有在国际比赛中荣膺金奖的舞蹈艺术追求者，有肩负管理重担却仍笔耕不辍的职能部门负责人，有德智体美全面发展、学习成绩优异的佼佼学子，有润物无声育桃李无数的教师典范……这些荣誉来之不易，这是你们勤奋进取、不断拼搏的成果，也是武汉学院的骄傲，更是学院发展的希望所在！

过去的一年武汉学院在成长，我所在的企业——腾讯也在发展。大家有兴趣与我一起回顾并分享一下腾讯这一年的发展吗？

一、腾讯一年来的风雨历程及发展数据

即将过去的 2011 年，QQ 同时在线用户达到 1.52 亿，比前一年增长了 23%；在国内 SNS 最活跃的是 Q-zone，国外则是 Facebook，这一块我们的活跃用户已经达到 5.52 亿人，比前一年增长了 12%；腾讯的各种产品——“朋友”、微博、QQ 浏览器、QQ 音乐等全方位都取得了很大进步，这些是平台业务。其中游戏，有 QQ 游戏平台，也有游戏业务包括 CF、DNF、炫舞、飞车等，用户和收入都有增长。电脑管家的用户数以及 SOSO、财付通等电子商务的用户数也在增长。这些能看到的成绩是由业务部门冲出来的，但鲜为人知的是在这样一份美丽的成绩单背后，

腾讯整体同样做了很多工作。

腾讯的背后有很多部门的努力，腾讯的成功是合作的结果。自腾讯创建以来，我们默默无闻的客服，服务总人数达到13.5亿人次，人工接听1181万次；我们做的数据分析，日精准推荐量达到8亿次；网络基础平台提供了11万台IDC以支持庞大的数据；化解了3万多次的网络攻击；打击了16起针对腾讯产品的恶意案件，包括年前发生的奇虎360与腾讯QQ的“诉讼战”。“3-Q大战”让我们意识到我们的企业既需要打好安全底层技术基础，也要不断提升企业的口碑。同时我们法务部处理的案件超过了100例。今年一年，腾讯招聘了6000名员工，还有外聘员工2400多人，平均为每名员工提供39.2小时的培训；财务上我们是第一家获得“BBB+”评级的民营企业；我们给员工提供了60多万平方米的办公环境，班车线路达到224条，公益捐款达1亿多元，志愿者接近2000人。

腾讯是一个整体，其发展离不开方方面面的努力。学校的建设亦如此，老师、学生，还有职能政工人员，他们对学校的支持、服务、管理协助，都是学校系统的组成部分，对学校的整体发展作出了很大贡献。今年我来学校，校方“陈一丹奖教奖学金”理事会提出优化获奖范围的想法，征求我的意见，期望学校的政工人员也能参与评选，涵盖的老师的数量也能再增加一些，我举双手赞成！

在良好的成绩背后，我们要冷静地分析。虽然腾讯的业绩每年都在增长，但是能看到，我们前三个季度200多亿元的收入（由于是上市公司，现在还不能公布全年收入），其增长速度是在放缓的，从去年原增幅的60%到现增幅46%。净利润的增长前三个季度是76亿元，这个增长速度也在放缓。另外，随着人员的增多，每个季度的净利润虽然在增加，但是人均利润在下降。我们需要多维度地分析公司发展的健康度。

1. 在“3-Q大战”中，我们的反思

在过去的一年中，腾讯处于半开放的状态，众多合作伙伴分享到了40亿元的收入。在“3-Q大战”中，大家普遍认为钱都被腾讯赚了，还有人说“腾讯走自己的路，让别人无路可走”，事实并非如此。就像iPhone推出后，App Store上的下载可以让很多合作伙伴在平台上实现利润的共赢，而我们以现有的产品入口做开放平台，目前已有近两万家合作伙伴，我们也希望在这个平台上和所有的合作伙伴一起，再造一个“腾讯”。我们拿出相当于现阶段一年收入的200亿元，由腾讯开放平台上的各种第三方合作伙伴去创造、去分享。

开放平台对接入的合作伙伴是有很多成效的，某个企业在接入腾讯平台前有20万用户，接入腾讯平台后1个月内用户就上升至500万，这便是很好的例子。网民的需求是要由各种不同的企业去提供不同的服务，来共同完成的。我们还投资了200亿元打造产业共赢基金，毫无疑问，这只是一个开局，后面也许会很

困难，但是我们已经在做了，也会继续做下去。

2. 回到今天的主角——武汉学院

我一直都在关注武汉学院的发展。学院的网站，包括学生的水榭亭香论坛，我是经常登录浏览的。我和院董事会交流了学院2011年一年来的发展，肯定了我们学院工作有很多亮点；我们也达成了这样的共识——2012年是武汉学院非常关键的一年，也是开局之年。我想通过回顾我们学院的2011年，来探讨为何2012年是开局之年，以及我们准备如何迎接2012年。

二、武汉学院的2011年有亮点也有不足

1. 教风建设

在教风建设上，我们完善了管理制度，考评结果优良率有所提高，同时在引进各类人才方面取得很大突破：今年引进各类人才133人，其中博士以及副高以上职称的教师占非常高的比例。但由于我们的底子比较薄，所以2012年我们还有一个可以更大提升的空间，那就是提高学院副高以上职称的教师比例，大力引进和培养高素质、高学历的中青年教师。同时，我希望在一些精品课程上取得突破。把人才引进来，我们需要创造好的环境。环境包括硬环境和软环境，其中硬环境是指工作环境、生活环境，软环境就是激励人才的政策、机制，我们对人才的观念，以及整

个人才发展的氛围。

2. 校风、学风建设

2011 年，我院学生的考研上线率相当喜人，而且在学生活动及志愿活动方面，我们也办得有声有色。对于未来的提升空间，我们希望管理经验能不断积累；各部门把事情做细致，防止意外的发生；辅导员要主动深入学生生活，和学生交朋友、做知己，真正做好学生生活的导师。

3. 管理建设

教职工今年开始接触以“能岗匹配，绩效为主”为大前提的考核制度，这是一个好的开端。但如何优化考核体系，取得认同，有效地把考核激励体系建立起来，激发教师职工的潜能，让大家能明确学校发展的导向，都能清晰地认识到，这套体系不仅仅是用来“考核”人的，更是为了推动校园文化和教风的建设，让院领导在讨论、决策和判断人才的“选、育、用、留”上都能比较公正、透明，这个其实并不容易做到。以腾讯实行 360 度绩效考核为例，从一开始，就是请的第三方做方案，而不是管理层来拟定；由第三方参照行业内的标杆，提出公正又适合腾讯特点的方案。在初步建立考核制度之后，我们又分别走访了员工、基层管理者和高管，使大家明确了考核的导向是为了激发潜能，让个人能力得到提升。腾讯在第一年试行考核方案时，其结果只起评价作用，不影响到薪酬。我们用了三年时间逐渐调整方案，直到被大家接受和认可，现在还在完善中。因为归根结底，个人得到认可不是考核的唯一目的，真正能帮助大家成长才是需要我们优化的地方。

我们武汉学院目前有很多充满热情的年轻教师，他们是我们未来的希望，但亦需要老中青“传帮带”，需要出台适合他们的培养方案和教师规划成长路径，这就又回到了人力资源管理的工作。就如腾讯一样，有各种职业成长通道：干部走管理发展通道，专家走技术、产品、职能、市场等其他专业发展通道。这些建设和方案不是一朝一夕得来的，而是结合腾讯的特点和人才结构研究出来的。同样，我们要去探讨、鼓励和营造老师们可以成长的路径，希望这个成为后续学校重点研究的课题。

4. 科研工作

今年的科研成果比往年有很大进步，在立项奖和贡献奖上实现了零的突破。希望各位老师继续发扬科研精神，取得科研质量及科研成果含金量的提升。我们目前还处在起步阶段，需要通过努力，不断提高成果含金量，同时夯实科研平台，这也是学院的发展空间。

5. 招生就业

招生工作方面，今年取得了很大的成绩。新生报到 3131 人，本科线处于省内同类院校前四名，这说明我们学生的素质是很高的；就业率也很不错，达到 92%。我们可以把招生和就业当成项目去做，需要把好的经验和机制沉淀下来成为一种常态。在这个基础上，我们可以优化的地方还有很多。就招生而言，每个系可以从学生的报考志愿上下功夫，如果在报到后再调剂专业的话，对学生的意愿会是一个冲击，需要投入一些时间让学生自我调适或者由老师去引导。我们要努力回到独立学院本身，把自己的专业优势建立起来，这是需要持续关注的。大家知道，2013 年我们要迎接教育部合格验收，这个验收对学院发展至关重要。为了迎接验收，无论是硬件还是软件的投入，我们从去年开始就做了很多工作。由于底子薄弱，学校建设的很多数据离国家要求有差距，对于这些困难，很高兴看到老师和领导们都在积极克服。合格验收，不光是讲究硬件的达标，还需要软实力的投入。在图书采购、实验室方面我们都在投入，这是一些长远的工作，不仅是为了验收，也是为了学院今后的建设。硬件、软件建设需要群策群力，共同完成。老师、系部、学院都应对自己有高要求。

6. 新校区建设

新校区建设的进展还算如期，但中间也有不少风波，例如土地所在地的区政府换届等诸多不确定因素影响了进展。院里成立了新校区建设指挥部，已经做好了新校区的整体规划，各项工作都在开展，共同朝着一个方向去努力，积极办理各项手续，力争在合格验收前落成使用。

新校区的功能，涵盖了我们学院发展的需求，总体上是要营造一种武汉学院独有的人文环境，希望师生在这里开心地教、学。我们专门请了华南理工学院的何镜堂院士来规划校园，我同大家一样充满了期待，希望在 2013 年“她”能展现在我们面前。

校园建设是系统工程，在和校方的建设班子沟通过程中，我一直强调建设一所校园不同于建造一栋房子，规划比设计重要，设计比建设重要，建设安全比建设质量重要，而建设质量同样很重要！所以大家从规划到建设，每一步都不能马虎，要精益求精，做好系统工程。

三、对武汉学院 2012 年的展望

2012 年我们新校区开始建设了，2012 年我们要争取获得学士学位授予权，2012 年我们的在校学生要突破一万人。我们要群策群力去做好每件事，如何做好呢？

1. 方法论分享——“解行并进”的方式

以我在腾讯的经验，首先要树立一个愿景。为了实现愿景，我们将过程分解为几个步骤：战略——规划——执行——调整。

以互联网环境来举例，用“快速迭代更新”来形容已经有点不确切了，现在是“颠覆性的行业环境”。例如 UC 浏览器，从

▶ 武汉学院新校区规划图

推出到流行，用了 52 个月的时间，360 用了 42 个月，YY 用了 23 个月，而新浪微博仅仅用了 12 个月。微博这个产品的特性是黏性和依赖性强，腾讯的微博晚了 6 个月推出，就落了下风；虽然现在我们已经利用自身优势追上来了，但是追得很辛苦。这说明，很多事情，一旦错过了发力的时间窗口，就很难有弥补的余地了。如果我们在一年内没有作为的话，我们在微博市场就将完全消失，而且微博有可能演变为击垮整个腾讯业务的关键一环。微信，从推出到流行用了 6 个月，当时国内是腾讯和米聊两家在做，今天你推出一个新功能，明天我加班加点推出另一个功能，6 个月之后，腾讯的微信已经牢牢占据用户的手机终端。可想而知，如果再有别的新产品推出，也将会是这样的情况。在这种情况下，我们每天所想的就是这个问题。一旦过了时间窗口，这一块的市场就没你什么事了，所以我们称之为“颠覆性的环境”。曾经辉煌一时的互联网鼻祖，Yahoo、Myspace，手机中的诺基亚和黑莓，现在的市场价值又剩下多少？这个行业变化之快，令人瞠目。如此分析下来，腾讯今年一年业务增长 65%，员工从 10000 人增长到 16000 人，还不包括外聘，那么我们在 2012 年势必需要调整。如何调整？

要降低人数增长的速度，盘活新进人员，加大优化力度，夯实企业文化。因为 2011 年是竞争激烈的一年，我们把局已经布好了。在这个快速布局的过程中，顾不上人员的优化，2012 年这一块则要跟上，要强调执行。执行其实是需要方法的。2012

年整个平台战略，我们要加大社区化，在无线和安全入口加大布局；在业务收入上突破游戏的业务，加大挖掘经典的包月游戏和广告，还会开发新业务；管理上，从“粗放”到“精耕”，从重数量到重质量。

2. 腾讯 HR 的“四字真言”

人才是腾讯最宝贵的财富。

钢铁大王卡耐基说过:“拿走我的全部财产，把人才留给我，几年后，我又是一个钢铁大王。”这一点我完全相信，在 IT 行业尤其如此。人才，外部竞争激烈，内部既要发挥其潜能，又需要给出成长路径，这里我们的 HR 要做的就是选、育、用、留。

（1）选

以前我们的社招比较多，近年来也加大了校招的力度，基本70%—80% 的新员工都是应届毕业生。虽然对应届毕业生我们要投入很多去培训，但其实他们从零开始，就具有了腾讯的基因和活力，而且对企业文化建立了认同感。互联网知识和技术是随时更新的，需要有更多的年轻人，有的学生在大三的时候或者研究生一年级的时候我们就开始“跟踪”，会让他们通过“实习生计划”“走进高校——人才体验日”等项目先来公司，与公司建立联系，所以我们的校园招聘并不是等每年进驻校园才开始的。

（2）育

人不是产品，用完就换，人才是需要成长的，我们需要一个机制去沉淀和积累。腾讯会为员工提供不同种类的培训，比如针对中层干部，会请知名的企业家来培训，让他们看到自己的缺点及优势，寻找成长和提升空间，让他们感觉这个体系的的确确是能帮到他们的。在这个导向中，腾讯的一些战略也实现了。

（3）用

合适的人用在合适的岗位，并且创造鼓励的宽松环境，让人才得到发挥空间。当然也有 KPI 的考核等，目的是让他看到自己需要进步的地方，也帮助他看到自己对公司的贡献和需要关注的方面，提供帮助个人和团队进步的工具和鼓励氛围。

（4）留

让员工成为大家庭的一分子，除了薪酬激励和长期激励外，我们要树立“你在这里做的事情是很有意义的，我们推出的产品是千万人在用的”这样的想法，让大家真正获得成就感。我们要一起去创造梦想，创造信心。

3. 腾讯在 2011 年做的几件事

优化薪酬结构，把浮动部分的年终奖金一部分合并到固定月薪中提前发放，提升员工月度现金流，提升日常生活品质；

年度调薪幅度比同行较为领先；

三年投入 10 亿元来帮助员工实现首套房的安居梦想；

一直坚持做有“特色”的福利来传承公司的文化以及体现公司对员工的关怀，比如“特色的圣诞晚会”“文化日”以及各种俱乐部和兴趣小组等。

4. 武汉学院的愿景是什么？如何达成愿景？

对于学院的愿景，我们总会设想一个大致目标，总希望它能成为国内国际一流的大学。

虽然目前我们学院的基础比较薄弱，但我们要立志，我们还是要有努力的方向和追求的理想。成为一流的大学，首先要达到国内一流的水平，仅这一项就谈何容易！以国内高等教育体系的标准来看，我们现在是“三本”，走向“二本”，走向“一本”，需要很长的时间，有可能要几十年。如果进不了“一本”这个基本门槛，何来国内一流？何来国际一流？这需要一代代老师和院领导共同努力，在努力过程中我们也必定得到成长，收获快乐。

回到此刻，今天我们要做什么？我们要如何迈向这个愿景？

腾讯的愿景是成为最受尊重的互联网企业。我们奋斗了十多年，现在还未达到目标，还需要更长的时间。愿景的树立就是理想的树立，有了愿景才可以号召师生共同努力和追求，在这个过程中我们可以收获一路成长的喜悦和幸福。

在“解行并进”中寻找我们的方向，首先可以借鉴一下腾讯的开放。这不是被迫的开放，既是一种姿态也是一种能力，更是一种战略。今天如果你可以做到开放，你的平台会更大，你的方向、资源和辐射力会更强！这件事，并不是管理层一声令下就可以达成的，有时会有来自内部和外部不同的声音。所以我们第一件事就是让所有员工调整心态，从原来的半开放状态调整到努力建设开放平台；第二就是广泛听取各界的声音，其实大家的声音是对你转型的一个谏言，也是在给你“把脉”；第三就是梳理现有平台，包括 QQ 空间、朋友网，全部换成开放平台；第四是就加大对共赢基金的投入。

我们在“解”中“行”，“行”中“解”，我们希望再打造一个“腾讯”，再打造一个共享的互联网生态，这其实就是一个战略的转型。我们在前进的过程中要保持稳定的心态，不能焦躁。

5. 故事分享

腾讯人力资源部有一位芬兰阿姨，负责大家的身体健康；还有一位雪梨姐姐，负责大家的心理健康。雪梨姐姐专门与大家分享和沟通企业的文化，进行心灵对话，她有一个栏目，叫“雪梨讲故事”，这是第二十期的故事。

不要错过人生的旱季

高考那年我名落孙山，生活一下子变得无比黯淡。这样的日子又过了一段时间，有一天我决定陪父亲下地干活。我家有一片红薯地，这块地有点特别，两头高，中间凹。我们那里是严重缺水的地区，地中间的红薯叶子都过深秋了还郁郁葱葱，可惜从地下刨出的红薯个个小得像鸡蛋一样，两头地里的红薯倒是个头大得很。

我很是不解："地的两头在雨天也存不住水，那么旱，怎么长的红薯还这么好？地的中间比较湿润，叶子倒是不错，可果实反而太差劲了。"

父亲看到我迷惑的样子，认真地对我说："小子，这你就不懂了吧。红薯生长最旺盛的时候恰恰是咱们这里的旱季，雨水特别少。地两头的红薯因为吸收不到更多的水分，就拼命地往地下钻，把叶子长得最小最少；地中间的红薯虽然吸收的水分比较多，但红薯这种东西耐旱才好，水一多反而只长叶子不长果实了。"父亲顿了顿，看着我说："人也一样啊，都有难过的坎儿，都有自己的旱季，关键是看你怎么生长了。越是旱季，越是长果实的时候，越要努力扎好自己的根。小子，这个简单的道理是我早就想告诉你的，无奈你怎么也转不过弯来。"

我没有想到平时笨嘴拙舌的父亲竟能讲出这么深奥的道理。在那个深秋的红薯地里，我学到了课堂、书本上学不到的知识。

就这个小故事，我想和大家分享的是，不要怕困难。困难的时候，要树立好心态。困难也是让你成长的机会，只要矢志不移，人生之树就可以结出硕果，绚丽灿烂。

四、武汉学院迈步开局之年

我们学院作为民办高校，未来发展的确面临很多困难和挑战，我们要学习这种“红薯精神”。2012 年是我们学院大发展的开局之年，这时候成功不会很绚烂地展现在你面前，就需要我们像地边的红薯一样扎扎实实地埋根，只有坚韧不拔、矢志不渝地扎下来，才能结出硕果。

2012 开局之年，我们准备好了吗？

第一，我们要达到国家对独立学院真正独立的要求，建设优良的校风、学风、教风，提高科研水平、管理水平，使软件、硬件设施达标。这些方面的建设，武汉学院还处于一个大学的初期阶段，需要大家群策群力，希望你负责的这块不会成为大家的短板，而且还能帮助别人成长。

第二，培养“明德学子”和“明德教师”。

办学和教学的落脚点应该落在学生身上，关注我们的学生。学生的口碑度如何？学生培养得如何？学生的学习生活质量如何？幸福感、快乐感如何？希望在老师的努力下，把学生培养成“明德学子”。“明德”的学生，是感恩社会的人，是幸福、快乐、健康，并对社会有用的人。在此基础上，不断通过创新取得成绩和回报社会，感染身边的同事、家庭成员，并将创新精神传承下去。如果我们培养的都是这样的学生，在内涵上便真正地走近了我们想要成为的一流大学。

我们学院的教师应是“明德”的教师，这是希望，也是要求。明德的教师，热爱教育、热爱学生、热爱学校。我们学院的老师要善于和习惯于创新，要提高创新的能力并提升创造出来的价值：在课堂上创新，学生学到东西；在科研上创新，要出成果。各位尊敬的老师，希望大家以拳拳爱心，一起来理解并执行教学方针和科研政策，做到有思想，有执行力。这个过程还需要管理和激励体系的建设、文化的倡导，以及师生们每一个人的认同和参与，这样才能形成巨大合力。

感谢大家为武汉学院所做的一切，衷心祝愿大家新春愉快，身体健康，希望大家在来年与学院一起取得更大的进步。

2011 年 12 月 30 日

从心出发　拥抱成长

——在2012年度“陈一丹奖教奖学金”颁奖典礼上的讲话

亲爱的老师们、同学们：

很高兴每年都能来到这里和老师、同学们相聚。刚才的颁奖我很有感触，看到这么优秀的学生不断涌现，也看到三年来学院第一次把“学生领袖奖”颁发出去。我盼望着这个奖项以后能常常颁出去，这将在社会上引起非常好的反响。同时，我也看到了优秀的老师和科研团队一批批涌现，看到了更多的年轻骨干在有经验的老师带领下也涌现出来，祝贺你们！

今天，我主要分享的观点是：从心出发，拥抱成长。按照惯例，我会先分享腾讯去年发展的状况。

一、对互联网市场新状况的介绍及部分数据分析

去年一年，我们进入了一个怎样的状态呢？在以往，中国经济高速发展的背景下，只要你占领了一个好的领域，其实你就享受着高速增长的人口红利，这样的人口红利会让好的更好，不好的更不好。近十几年都是沿着这样的模式在高速发展。但是从去年开始发生了明显的变化，人口红利在消失，也就是说不是你占领了一个领域，市场就会无限大地给你。这时候，如果你不做好内部和本职的一些优势化的东西，问题将会很快暴露出来。很明显的例子，我这里不说具体名称，但大家只要关注新闻，就知道有些响当当的品牌出现了这种问题。

例如，在以往的人口红利下，某体育品牌在国内高速发展，上市数据连续几年高速增长，但是去年库存过多、高管跳槽，利润下降 85%，股价一下子跌了 59%；某肉类食品产业内的知名企业，利润下降 93%，股价下跌 64%；还有一个南方的知名汽车品牌，两三年前还是黄金产品，去年利润下降 94%，股价高位下挫 42%。也就是说，这个时候的发展，要求你内部必须有具有竞争力的产品出来。

也许大家会问，这个大环境和我有什么关系？它会给我带来怎样的感受呢？其实这种大环境对学校也有类似的影响，我们民办高校面临的状况就是：以往十年，市场很庞大，允许学校自由成长，甚至任何改进都没有，也会有学生来报考；但近一两年，

我们负责招生的主管副院长也许会更有感触，每年的报考学生越来越倾向于选择自己认可的学校。幸好在两三年前，在董事会和院务会的大力促进下，在老师勤抓内部教学质量的努力下，武汉学院的口碑得到了提升，才能经受住这样的挑战。而今后，整个经济发展将进入新阶段，谁最强，谁才能更好地立足于这个时代。这就是目前大的格局。

互联网行业同样面临这样的状况。以往大家说 QQ 用户多，中国人口多，网民数量不断上升，已经接近 5 亿人，未来还有很大的增长空间。其实现在网民数量的增长已经进入平缓期，去年增长了 11%，达到 5 亿人左右，手机端的网民数量达到 3.88 亿人，然而增长的比率并不高，互联网行业已告别了“人涨船高”的年代。然而我们发现，经济收入仍在不断增长，互联网行业产生的每一块业务的经济规模都提升了。比如从整体来看，中国网游收入增长 209 亿元，上升了 17%；品牌广告的收入增长达 40%，达到 150 亿元；搜索引擎的收入增长达到 124 亿元；电子商务的收入增长更是达到 4900 亿元；在线支付的收入增长超过 100%。这些增长说明，在人口红利上升不高的情况下，互联网行业内部经济结构已发生了大的变化，这既引发了很大的商机，同时竞争也愈发激烈。去年一年，互联网界发生了翻天覆地的变化。首先，无线时代的到来颠覆了传统的 PC，随着国外无线互联网即时通讯的崛起，国内微信的崛起，可以说 MSN 已经宣告退出市场；其次，传统的网络媒体，例如新浪、搜狐、腾讯等，传播的信息本身和源头，已经由于微博的横空出世发生了巨大的变化，网民从微博获取的信息量更大；再从广告业务上看，网络媒体里，浏览视频占据网民上网的时间已渐渐超过了浏览门户网站占据的时间，或者说在挑战这个时间。新的模式在颠覆旧的模式。线上苏宁、国美一直占据销量榜首，两年前京东只在市场上占据一点点份额，而近年来京东却以很快的速度发展，直逼苏宁，特别是在去年的“电商大战”中，逼迫着苏宁全力以赴转到线上，打拼未来市场，也就是说线上可以颠覆线下。渠道也在颠覆着服务。百度的搜索引擎一直是中国的老大，连谷歌都被逼出了中国市场，但 360 利用渠道来进行搜索市场的占据，也成功占领了一定的比例，在搜索界抢到了很大一部分比例的业务。以上都是在去年一年里发生的“颠覆”，我们看到很多互联网的大腕，例如世界级的 MSN、Yahoo 等，渐渐退到幕后甚至消沉，但有些游戏平台、视频平台、电商平台以及 Facebook 等，也在考虑怎么迎接无线互联网时代，怎么由 PC 转去拥抱移动互联网。其实 QQ 也面临这个问题。在互联网领域，目前发展比较顺利的是微信等产品，其用户数量在拼命增长，由此可见一个无线移动的新时代正扑面而来，这势必带动整个产业的变化。同样我们看到安卓手机的市场保有量从一年前的不到 6900 万部，到现在超过 2.2 亿部。在新的模式下，几乎每个人手里都有个小屏幕，用有限的流量，利用碎片时间上网，有些体验大家已不可能在 PC 上尝试，而是要在新的地方进行。

对于中国移动、电信、联通，一贯是移动运营商说了算，不管是产业链还是上下游的格局。但当 iPhone 出现后，终端为王；ios 和安卓也出来了，轮到操作系统掌握了话语权，只是现在没有形成好的商业模式。很多人问我，微信是怎样的商业模式？我们看到了很好的前景，但是现在还是无线互联网群雄逐鹿的时代，这个时候就如同早期的有线互联网时代，谁都要去占据一片江山。

二、腾讯过去一年的业绩及发展

下面分享去年一年腾讯产品的变化。QQ 用户增长了 16%，手机 QQ 用户增长了 22%；Q-zone 月活跃量达到 6 亿，增加了 10%；朋友网用户增长达到 25%；QQ 音乐用户增长了 23%。这些都在平稳发展。但是我们看到的平稳发展，只是原有的产品如何在既定方向上继续走下去；相比较而言，我们更关注新生产品在新时代的表现。微信用户增长了 416%，一年之内增长了超过两亿用户，有机会成为中国第一款冲向国际的服务产品。现在在亚洲市场，微信在 App Store 的下载量在很多地区都是第一。这带给我们的感触就是，早期有线互联网时期，民族企业就是在国内和国外巨头抗衡，努力使中国产品能在国内存活，后来提升竞争水平，使得一些国外产品未能在国内发展；而现在的情况是，中国民族企业和我们的产品有机会冲出去和国外的产品进行较量。在国内与无线互联网有关的腾讯手机浏览器和手机管家，用户也增长得非常快，手机管家用户增长达到261%。同样，腾讯微博也成为国内用户数量最多的微博，每天活跃人数为9200万人，增长了40%，视频用户增长了50%。前三季度，腾讯收入是317亿元，利润为93亿元，增长率每年都在50%左右。再者，各互联网企业行业内收入也有一个对比和参照，可以看出，腾讯、百度、阿里巴巴仍然是业界的三巨头。

在这里也和大家分享一下，腾讯累计纳税超过140亿元。也就是说把企业做好，本身就是在实实在在地践行着社会责任。我们引以为豪的是我们还可以影响别人、影响行业、影响社会力量，一起来发挥让世界变得更加美好的正能量。

刚刚过去的1月7号，我们在北京召开了一个网友爱心捐款突破1亿元的新闻发布会。其实网民公益时代已经到来。我们的调研数据发现，18岁到24岁的月捐网友超过了一半，正好就是在座的同学们的年纪。俗话说天下无难事，只怕有心人。互联网改变了我们的生活，让每一个有心人都能够能量倍增。所以在相信网络力量的同时，我们要相信年轻人爱心汇聚成河的力量。

三、对武汉学院去年工作成绩的总结以及对武汉学院新的一年发展的展望

这一年来我也密切关注着武汉学院的发展。不仅通过和校董

会频繁沟通，也通过浏览学校网站和学生论坛、微博，我看到了2011—2012 年武汉学院诸多工作亮点:

1. 学院学士学位授予权的评审顺利通过。这对于高校来说是很扎实的一关。我期望后续通过提升教学质量和加强培养学生素质，让我们的毕业生以获得武汉学院的学士学位为荣。

2. 财会系国际注册会计 ACA 实验班顺利开班，报考人数很多。这是教学上的创新。得到报考学生的认可，初步证明我们的办学方向是正确的。希望这个班的学生毕业后，能得到社会的认可，这才说明这个实践是真正有成效的。

3. 新闻传播系整体引进实力较强的教师团体，包括两位博士生导师和两位副教授。这个成绩的背后体现出的是我们改革和尝试的勇气。作为一个年轻的系，改革包袱小，系主任敢于尝试的魄力和改革的计划，得到了校董会和院务会的支持。新闻传播系未来的发展方向就是要与网络信息媒体结合，与成功的社会新媒体企业相结合，对此我们寄予厚望。这不仅仅是一个系的尝试，如果试点成功，其他系可以投入去复制，在这一过程中积累的经验对其他系部乃至整个学校都是很好的启发，希望各系也能大力支持。

4. 对学生的综合培养。“随师行——社会导师计划”开办四期，成效初现;“明德讲坛”开办了六期，开启了一扇传承“明德”思想和弘扬国学的窗口。我希望这种创新和尝试可以再大胆一些，开创有效的互动形式，跳出主讲人必须是学术大师的限制，多从有效互动、激发学生共鸣的角度考虑。正如我们做产品强调体验感，可以多邀请与时代同行的专家、企业家或社会学者，带给同学们更好的社会经验分享和国学文化魅力体验，继而激发学生的兴趣和对美好心灵、智慧的向往。

5. 正面健康的校园文化和社区文化。可以看到，我们很多学生热心社会、关心社区，很多学生品学兼优，在省市比赛中获奖人次也明显增多。一大批优秀学生涌现出来，这次获得“学生领袖奖”的彭军，深山资教、助学生圆梦的故事体现了我院学生突出的社会责任感和影响力；蝉联“卓越学生奖”的朱小凤，自创舞蹈荣获“亚洲舞王”称号。学生呈现的大学生精神面貌很好。

6. 新校区建设前期工作已经就绪，完成了一期土地的购买手续，建设手续得到审批，部分土地得到平整，计划农历年前动工。

一年来，还有老师在科研和教学的革新方面的尝试和努力，学生进取和进步的表现，校董会和院务会的用心和努力，很多成绩在这里不一一列举。在这些亮点的背后，体现了学院领导和全体师生把武汉学院办得更好的决心。

2013 年，我将着重关注以下两点，其实就是对硬件实力和软件实力的关注。一方面，动工后，新校区建设进入实质建设期。硬件建设中，基本设施和配套设施的投入、工程的按期安全进行、财政投入的合理匹配等，都要一一做好，让美好的校园如期高质量地展现在师生面前。另一方面，今年开始，学院就要为迎接教育部对独立学院的合格验收做实质性准备，进入软实力的关键建设期，这是为后面的改制作铺垫的综合软实力系列工程之一。我们要借软实力的系统工程建设这个难得的契机，不仅仅为了完成任务，而是真正建设和提升我们的教学、科研质量，优化管理，从团队建设、教职工文化建设、年轻老师的职业发展、师资队伍的协同、学生培养以及校园文化等方面，整体去思考和下功夫。

四、个人感悟分享

下面进入分享环节，想同大家谈谈过去一年来让我有所感触的身边的人和事，分享的观点大家可以共同讨论。

在去年年中，我以深圳版权协会会长的身份，和协会的常务理事们去美国硅谷进行了一次考察。考察过程中，我们走览了斯坦福大学校园，也请学校的讲解员和一位法学院教师给我们讲述了斯坦福大学的状况，我把看到的一些情况配上在校园里拍的照片分享给大家。

斯坦福大学是典型的美国式校园，宏伟大气，一进门有一块很大的绿地操场，老师和学生可以随时坐在草地上休憩、交流。离草地不远有一座标志性建筑——胡佛塔。我们到的时候是暑假，有很多来自世界各地的游学团。暑假的校园还是处处生机，这里有各种各样的活动，儿童活动、小学生培训、中学生夏令营、工作研究团、成人学习班，很多都在校园户内外进行着。我们听到

▶ 斯坦福大学

许多熟悉的中国声音在交谈讨论，看到了来自北京、深圳、中国台湾、中国香港的学生团。

校园里的雕塑四处可见，雕塑和绿地的结合感觉非常生动。校园里有一个钟塔，每 15 分钟响一次。黄墙红瓦的建筑，红花绿草的环境，让人感受到独有的学术氛围和校园氛围。校园中有一条记忆走廊（Memory court），走廊的地板上有很多数字铭牌。大家猜猜这些数字是什么含义？它们是创校到现在的年份。从 1891 年创校第一年开始，每年由学生会组织，学生自己选择一些与当年相关的物品放在相应的砖下，近 100 年的东西都埋在下面，真正是百年的“时间廊”。

在斯坦福大学里可以买一些纪念品、借图书、喝咖啡。穿过花园，我们来到斯坦福纪念教堂。这个教堂为所有校友开放，供他们在此处举行婚礼等重大仪式，乔布斯的葬礼就是在这里举行的。腾讯一直支持中美法律研究研讨活动，和斯坦福法学院有联系交流。这次斯坦福法学院请了一位华裔讲师做接待，为我们讲述了斯坦福大学的历史。120 年前，斯坦福夫妇的独子不幸死去，年仅 16 岁。斯坦福夫妇认为，这个年龄正是青少年接受教育的最佳年纪，他们希望其他同龄的小孩都有大学读。小爱化成大爱，夫妇俩投入了 4000 万美元——相当于现在的 10 亿美元，创办了斯坦福大学。当时首任斯坦福大学校长提出“让自由的学术风气永远吹拂”，并以此为校训。此话是 16 世纪德国人类学家休顿说的，源自古希腊时期的批判精神，被斯坦福大学引用为校训。这句话体现了浓厚的个人色彩，但西方就是主张这种创校精神。我们还参观了法学院的学生宿舍楼，离教学楼只有 1 分钟左右的路程，楼下还有洗衣房，非常方便。法学院教学楼的一楼是真正的“律师楼”，里面都是未毕业的学生在实习，给社会提供法律援助服务，这给学生提供了各式各样的体验机会，让他们在毕业之前就成为有实际经验的“律师”。

之前提到的胡佛塔，我们也专门听了研究员对它的介绍。这不仅是一座塔，还是全球知名的胡佛研究所所在地。该研究所是一个智库，其研究成果对美国社会乃至政府决策都有重要的参考价值。这个塔里面保存了很多“二战”以来的珍贵历史资料，不少堪称孤品，蒋介石长达 55 年的私人日记原稿，也收藏在这里。塔顶设有 36 个钟，最重的达两吨，其声音洪亮，可以传到很远。

走在斯坦福大学校园里，既可体会到古典文化的沉淀，又能感受到现代文明的洗礼。如果说哈佛和耶鲁代表了美国的传统人文精神，那么斯坦福则代表了21世纪的科学精神。斯坦福的腾飞是在20世纪70年代，当时有一个工程学院的院长提出一个构想：学校地理位置虽然很偏远，但是拥有大量的土地，何不收取象征性的租金，将部分土地租借给工业界或者已毕业的校友设立公司？条件是要求这些公司和学校合作，开发各种研究项目，而且要给学生提供实习的机会。于是斯坦福大学在校园里面设工业区，企业越开越多，形成了举世闻名的硅谷。斯坦福大学的毕业生在这里创造了惊人的成绩，eBay、Yahoo、Google、Cisco等国际知名的上市企业，都是斯坦福校友创办的。这些毕业生所做的已不仅仅是谋职谋生，而是在引领科学和人类文明的进步。美丽校园背后的故事引人深思。

另外想与大家分享的，是我们看电影的趣事。去年11月23日，我和太太带着我们的孩子，还有朋友的孩子、孩子的朋友等不同年龄的小孩去电影院。为了选择一部大家都合意的片子，不同年龄的孩子们纠结了很久，最终因为海报而选择了《少年派的奇幻漂流》，没有选择另一部正在上映的动画片。

看完电影，我问一个6岁的小孩："你有什么感想啊？"

他说："老虎冲出来那一瞬间吓死人啦！"

7岁的小孩回答："我很喜欢那些有鲸鱼、水母、飞鱼的绚丽画面。"

12 岁的小孩说:“你们小孩根本看不懂，这个很深奥的，里面小孩的名字就是他死去哥哥的名字，里面那个老婆就是男主角年轻时候喜欢的那个女孩子。”

我太太说:“派与老虎在海上共同度过 227 天后终于上岸了，他昏倒在海滩上，迷迷糊糊地说:‘人生到头来还是不断地放下，却遗憾没有和这只老虎好好地道别。’我对这句话最有感触。”我太太接着说，“我们要珍惜当下，学会感恩”。

孩子们问我的感想，我说:“这个派很有意思，他同时信很多教派，就算他的父母都笑话他，他还是坚持，其实他是在寻找一种信念。”大一点的孩子听了我的话若有所思，年龄小的孩子听了却没有任何反应。

电影里，派为了让大家记住他名字的正确读法，在新学期开学的时候在黑板上默写出圆周率 π 小数点后的几百位，终于让大家对他记忆深刻，认可他的名字是“派”不是“屁”。这让我联想起高一的时候，我和马化腾等同班同学，午饭后会想着法子背一些当时觉得有意思的东西，如背一些英语成语:

小菜一碟——It is a piece of cake.

狗急跳墙——A worm will turn.

我们也背圆周率，还比赛谁背得多，当时我们背到了小数点后一百位。记忆犹新呀，我现在再试试如何?

11 月底，我在腾讯视频上看到了这部电影的制作特辑，我把家人孩子喊过来一起看。大家一起来了解这部电影背后的故事。

原来这部片子是在我国台湾地区拍摄的；原来这部片子的绚丽画面运用了大量 3D 技术、电脑生成图像技术 CGI；原来那只老虎的逼真效果是动画师用细致到千万根毛发的程度创造的；原来画面中的滔天巨浪是运用世界上最大的造浪池制造的；原来男主角是陪着别人去面试被选上的。

12 月底我和家人出外旅游，进了一个动物园，看到了狐獴，我就把孩子喊过来看，告诉他们这就是电影里的狐獴。我搜索了一下资料后也乘机现场讲课：狐獴是一种小型昼行性动物，居住在沙漠，直立时会用尾巴支撑身体来保持平衡。由于大家都看过这部电影，所以非常感兴趣，争相拍照留念。

这就是我要分享的“我与家人看电影后进行互动分享”的身边事。这样一部电影，给我的家人和朋友带来了良性的互动。这样的互动非常重要，让我的内心和生活有很好的感觉。同身边的人互动，会让个人的状态更好，也容易让人意识到，除了工作上要以开放心态迎接新动向，现实生活中，接触沟通中，我们也要更多地拥抱身边的人和事，这同时也是在拥抱世界。在与家人互动的过程中，我的内心一直很平和，很有安全感。内心平静似乎更能带给人力量。

上周，在北京参加完腾讯公益月捐亿力量发布会，准备登机回深圳时，我接到公司企业文化部的同事发来的信息，说要在内刊出一本特辑，收集腾讯人的正能量故事，请我写个序。我用了十分钟的时间思考，在飞机起飞前发出了回复。我是这样写的：

“正能量是善，是爱，本来就是人人具备的。它使得人人思维正面而积极，自信而快乐，获得了内心的平静和强大。传递正能量，就是人与人的相处之道。与人为善，鼓励他人，被传递者获得了力量，此时传递者获得的，是更强大的内心世界。”

是的，正能量是一种善、爱，让人幸福和快乐，同时自身获得了内心的平静，也会变得更强大。因此，我们要尊重自己的内心。作为一位教师，要忠于自己的事业，热爱自己的职业。工作不等同于职业，工作是为了赚钱，职业是个人的喜好和兴趣，是需要我们去热爱的。热爱你的职业，你的内心自然会获得一份平静。当你将正能量传递出去的时候，是与人为善的，被传递者是会获得正能量的。而内心的平静每个人是要学会自求的。

举个简单的例子。腾讯有个“新年新衣”的慈善活动，每年都办，就是腾讯慈善基金会收到捐款后，买冬衣送给需要的孩子。但是去年的“新年新衣”活动有所不同。去年贵州发生了五名流浪儿童为了避寒在垃圾箱中取暖而被闷死的不幸事件，事件发生后，腾讯慈善基金会马上启动了当年的活动，立刻通过微博运作，同时联合地方网站、志愿者协会、天猫等来进行推广，无偿提供毛线，号召志愿者织毛衣送给孩子们。最终我们捐款 112 万元，向 103 所小学的 5800 余名学生赠送了冬衣。事情看似很简单，但是过程中发动了很多人来做这个事，微博转发有 100 多万条，阅读量超过 1 亿人次。它的正面意义已经超越了活动本身，带来了很好的社会效应。

回头看看我们学校的彭军同学，他通过了湖北省资教生选拔，在恩施土家族苗族自治州咸丰县坪坝营镇新场小学实现了自己当老师的梦想。资教一年来，他热爱山区教育，关心学生，做好家访，用微博记录。他帮助自己所带班级的 49 个山区孩子圆梦。他的感人事迹先后被媒体报道，引起了社会的广泛关注，带动了“帮学生圆梦”的爱心潮。从他的行为可以看出他是发自内心地喜欢孩子的，他的真心令大家很感动。大家毕业后走入社会工作、生活，依然要尊重自己的内心和兴趣，从心出发。

2012 年 12 月 21 日是传说中的“世界末日”，今天看来，这是一个“真实的谎言”。但这也是在提醒我们要珍惜当下，珍惜周围的人和事，珍惜和尊重自己的内心。在人与人、人和当下（就是时间）、人与世界（就是空间）的相处过程中，我们看事物的角度可以不同，理解的方式也不一样，但踏踏实实走好当下的路，从心、从爱出发，做好自己，达到人与人的和谐，世界也会和平。每个人认识外在的事物，同时观照自己的内心，找到自己、做好自己，并且能够和他人分享这个“自己”，让自己成长，就是精彩的、有意义的人生。

我的分享就到这里。老师们，同学们，回首 2012 年，你和谁一起做过什么事？你从中得到的最大的感悟和收获是什么？你有没有和身边的其他人去分享？可以听听大家关于这些问题的分享吗？

五、互动交流

校友分享：虽然媒体对于我关注更多的是家访的问题，但其实我自己目前最满意的是带领孩子晨读这件事。从 2012 年的 9 月初到年末，我坚持了三个多月，每天 6:30 起床，7:00—7:30 晨读。一开始我读我的书，孩子们读自己的，然后我把大家召集起来，和他们分享我认为比较好的诗，或者让孩子们自己学、读。我更看重这个事情，因为家访中反映的许多问题，我无力解决，但晨读可以切切实实地培养孩子们的意志力，还可以给他们的成长和发展中注入一些真善美的东西。我想明年我会以新的形式把晨读这件事继续下去。

提问：有一天，我和几位同学到武昌县华林逛街，路过一家小茶楼，我们进去边喝茶边看书边聊天，感觉非常的惬意，也增进了同学之间的了解。这就是我的分享。另外，我是外地学生，对新校区的建设比较关心。请问陈先生，您建校的初衷是什么？新校区的建立寄托了您怎样的梦想？新校区以后的发展又会是怎样呢？

陈一丹：一个学校的发展，首先是基本硬件建设。我们在构思校园的时候，更多考虑的是怎样才能最好地满足武汉学院的发展需要，而不是国家相关考核的标准。在规划功能时，除了满足教学、科研、生活的需要之外，我们希望将一种中式的美融入其中。在人和人的交流方面，我们希望有很多的聚集点可供人们进行交流和“碰撞”。带着这样的理念，我和校方进行了商讨，最终的设计图让我们充满了期待。我想，用心去做和为做而做是完全不一样的。

校友分享：2012年我正式把我的舞蹈梦想提升为进入专业的殿堂。我一个人去了北京，先是找到了总政歌舞团的老师，老师看了我的材料，说我的动作很业余，离专业的差距还很大。那个时候我很心痛，因为一路走来真的很不容易。

第二次，我找到中国舞蹈家协会主席，她很亲切地会见了我，很支持与佩服我的执着。她说:“学舞蹈很痛苦，但你是普通的文科生，你能坚持到现在，我很感动，我愿意用我半生的成就支持你，让你的舞蹈路走得更远，只要你愿意，毕业之后欢迎来中央芭蕾舞团工作。”

我人生第一次感受到现实的无奈，但我的领导和老师还有朋友都给了我这么多的支持，如果我现在放弃了，会很对不起他们。直到现在我都在想，人活一辈子，年轻一次，就应该有足够的勇气和坚持，哪怕最后失败了，我对得起自己，对得起支持和爱我的人。现在我的春天到来了，国内三所著名舞蹈大学的导师和我保持密切的联系，我可以选择自己喜爱的学校去读研究生，这也算对我之前的努力和大家的支持的一种回报。我觉得很幸福，今天再次拿到奖。无论以后我会怎样，我都决心戒骄戒躁。没有什么做不到的，只要坚持和执着。

陈一丹：谢谢你的分享。一个人在追求理想的时候，是在追求内心的平静。尊重自己的内心，在路上去享受过程中的风景是一件很美妙的事情。之前有老师说你业余，那正说明你还有很大的提升空间和潜力，你要感谢她的直率，不要放弃。有时候一个现实、客观的评价，可以从不同的角度来理解，多从正面的角度接受传递过来的信息，我们才会更加积极向上。

提问：首先感谢陈总对我校师生的支持。今天大家分享的感悟，在我看来都是慈悲和大爱，由于时间原因，我只有一个问题。现在“90后”学生思想活跃，他们接受快餐文化速度很快，例如“淘宝体”“甄嬛体”。除了老师的本职工作以外，您能否给我们一些建议，我们需要在哪些方面进行努力，才能满足现在学生的更多需求？

陈一丹：老师希望和学生进行更多的交流和互动，要保持对学生的爱。了解“90后”学生所接受的信息，对于我们也是一种学习，作为老师我们要随时更新自己的“数据库”，其实过程中会发现很有意思。这并不意味着我们要强迫自己去学习这些，而是要从内心拥抱“90后”的思想，去感悟。老师抱着育人的心态，而不仅仅是教人的心态，一定会和学生交流得很好。突然想起去年出了一部影片《那些年我们一起追过的女孩》，片中的学生打瞌睡被老师喊醒，老师问：“你的理想是什么？”学生说：“我的理想是长大之后让世界因为我有一点点的不同。”老师很满意。这时全班都笑了。原来老师不知道，这其实是学生中人尽皆知的一部电影里的对白。如果我们抱着一种因为热爱学生而想要多了解学生的心态去看电影，就会发现，其实那部电影是挺好看的。

提问：“陈一丹奖”今年是第三届了，您对武汉学院学生最深刻的印象是什么？您觉得我们需要从哪些方面缩小自己与“一本”和“二本”学生的差距？

陈一丹：虽然大家是“三本”院校的学生，但是我从大家身上看到了不屈、积极、向上进取的心态，一种自信、自强的心态。每个人的独立发展不取决于你是“一本”学生还是“二本”学生。也许有时候某些地方会用学术水平和科研水准等指标来衡量学校，但独立人格的发展比简单技能的培训要重要得多。所以我们要继续自信和自强。我们会面临走向社会被检验的问题，这时候我们要沉得下心，能在具体工作中“扎”得下来，并抱着长远提升和努力的心态，稳步前进。人生是一场长跑，要想到，第一次大考中我可能遭受挫折，但我以平静的内心先稳在这里，不断学习，不断提升，不断前进，总能超越。

提问：我感觉近年来师生之间交流越来越少，情感联系越来越淡。在现有的模式下，您认为我们可以做哪些事情来促进师生之间的交流和互动？

陈一丹：近年来，博士教师和青年骨干迅速成长，他们一方面要带学生，另一方面也希望被年长的教师带。在腾讯内部，很多新晋员工都希望有人带，但是他们的部门总监和领导等都奋战在业务一线，没办法带。所以我们推出了导师制和一些培训机制，其实大家最后都是在实战中一起成长的。所以我们的青年教师，首先要以积极的心态，对自己想要如何被引导提出建议，但本身也要积极寻求引导。凡是好的建议我们院务会都会去交流。就在今天下午和院领导还有系主任的会议上，大家已经对如何带博士生提出了不少建议，大家都默默地关注着这个问题，希望不仅在学术上，在综合方面也能对大家的提升有所助益。对于刚才这位老师的问题，只要老师们抱着育人而非仅仅是教课的态度，主动创造机会和学生交流，你们的关心和关爱学生是可以感受到的。同样，学校也会创造机会让师生有更多的接触，这是软性的团队建设，需要我们共同努力。在共建“校园生态系统”方面，良性循环，把长辈对后辈的关爱、老师对学生的关爱传递下去。

一年之计在于春，重新出发，先要从心出发。

同学们，老师们，我们问问自己，如果我是学生，我有没有在学校里真正去学习做人做事、在学习中提升自己？我是不是一个得到自己内心认可和喜爱的学生？如果我是老师，我是否热爱这个神圣的职业？如果我是一名长者或校系领导，我是否为师生的成长环境建设提供了足够的支持？自己的言行有偏差吗？如果有偏差，我能否克服一下自己的过于在乎人情面子、自私自利、看重名利、懒惰等问题，将它们一一消除？

重归于零，重新出发。如果自己的内心更强大，我们是否能给身边的人和事传递出更多的正能量，给予他们真正的帮助、支持和关心，真正地承担我们力所能及的事情？从心出发，勇敢向前，勇敢进步！

最后，祝大家新年进步，阖家幸福，吉祥康泰，万事顺意！

2013年1月13日

明师、明生、明校

——在2013年度“陈一丹奖教奖学金”颁奖典礼上的讲话

亲爱的老师们、同学们:

大家晚上好。

很高兴又在一年一度的颁奖典礼上相聚。以往因为学校创造的突出成绩相对较少,“陈一丹奖教奖学金”还有些项目未用足额度。过去的一年跟以往不同,学校方方面面的进步都超乎预期,尤其是教师们在教学和科研上取得了可喜的突破,奖金额度都已用足。在这里,也向获得奖项的老师和同学表示热烈的祝贺!这表明,我们这几年教学、科研和培养学生的方向是对的,我们正走在正确的道路上。可以预见,这次在“量”上提高以后,下次一定要从“质”上再攀高峰才有获奖的机会。“质”和“量”都有所提升,就意味着武汉学院的教学、科研水平整体得到了提升。

一、2013 年个人的变化和思考

按照往年惯例，首先向各位老师和学生汇报一下 2013 年我个人的情况。2013 年对我来说，是卸任管理的一年。3 月，腾讯在发布年度财报的同时宣布我卸任腾讯首席行政官的职务，我告别了在腾讯的管理生涯。当时，外界很多朋友也在关心地问，腾讯发展得这么好，成为一家这么成功的公司，你为什么要退休呢？而且你还很年轻，42 岁就选择退休了？我说，正是因为腾讯发展得好，发展得成功，我才退得成。因为对自己而言，这是已计划了两年的“交棒”过程，如今能够“交棒”，可以说是一件非常幸福的事情。为什么可以“交棒”呢？首先是腾讯的发展上了一个新的台阶，我们在 2012 年 5 月作了组织变革，移动互联网的布局也取得成效，出现了微信等平台型的“拳头产品”，这个时候就可以如期安排我的退任了。可以预见在未来较长一段时间里，腾讯会处在稳定，甚至是增长的状态，所以我离开得比较安心。其次，过去几年腾讯管理团队一直采用“双打模式”，创始人团队和职业经理人团队共同管理，既是分工合作，也是相互“备份”。如今多年倾力培养的职业管理团队已逐渐成熟，完全有能力满足腾讯经营和发展的要求，这个时候“交棒”比较放心。第三点，就我个人而言，总有些事情一直想去做，想投入更多的精力去实行，比如个人家庭方面、公益方面、教育方面，还有中国传统文化方面，都是我想倾注更多精力和时间的地方。我在腾讯公司和腾讯基金会依然保留了荣誉职务，也是希望对腾讯的文化和公益教育方面持续关注。这个时候能转变角色，可以自由地去思考、投入这些事情，对我而言无疑是多了一份舒心。

其实思考一直没停过。我记得几年前来到这里与老师第一次见面时分享过，从我个人的角度而言，大学毕业后的第一份工作可以说确立了自己的职业，创立腾讯是十几年的事业，投身教育应该是终身的志业。大学毕业后的第一份工作让我体悟了一个关键词：个人价值。与伙伴一起在腾讯创业和发展的十几年中，我体悟到的三个关键词是：乐趣、责任和感恩。之前在工作中接触到公益和教育领域，让我自己成长并更加明晰地认识到：社会要进步，解决社会的主要问题，归根结底要靠教育。社会发展所需要的，无论是硬件还是软件，包括知识能力，靠教育。道德信仰，靠教育；解决社会发展面临的种种问题，包括矛盾纷争，靠教育；自然生态，一样靠教育。教育的范畴所及，无论是家庭教育、学校教育还是社会教育，都是极其重要的。于是，我在工作过程中逐渐确立信念，愿把教育作为自己一生的志业，与更多志同道合的人一起投身到教育事业中去。

二、在各地学校的参访和启示

在退下来之后的十个月期间，我干了什么呢？首先是旅行，这是我工作以来最长的一个假期，彻底放了一个痛快的假。除了一次土耳其文化之旅外，我还和家人去菲律宾、美国、澳大利亚等地度假，也去了我们的宝岛台湾。度假的时候心情很放松，美丽的景点且放在第二位，放在第一位的是家人之间的相互依靠和亲密相处。

在旅行中我会留意一些当地的学校，比如我在美国待了一个半月，就有意识地去了解一些大学的情况。我也在想，我们在自己的国家办教育，是不是可以参考借鉴他们的思路？比如小学到高中的教育模式可不可以参考？借鉴许多海外私立大学的成功经验，我们的民办大学是否可以找到出路？我走访这些大学时，将了解到的状况和自己的一些心得，随手记在个人的微博上，刚好可以在这里与大家再一次分享。

在纽约，我们就近去了位于曼哈顿的哥伦比亚大学。这是一所知名的“常春藤”大学，出过 87 位诺贝尔奖获得者，三位美国总统，包括“老罗斯福”“小罗斯福”和现任总统奥巴马（2013 年）；美国第 34 届总统艾森豪威尔曾担任该校校长。有着近 260 年校史的哥大与哈佛、耶鲁等老牌大学一起告诉世人：先有大学，后有美国。这个学校的教育学、医学、法学、商学、新闻学专业，一直在全球享有盛名，研究生院更是以严格要求著称，并获得了令人瞩目的学术成就。游历哥大我有两点深刻感受：一是大学只有得到社会方方面面的支持，才会发展起来。哥大校园里，随处可以发现很多冠名、捐赠的物品，无论是图书室还是展览室，甚至是公共区域都有热心人士捐赠的物品。二是学

▶ 哥伦比亚大学

校应该感恩所有帮助过它的人。我在哥大的图书馆，看到许多肖像和雕塑，除了历任校长，大都是纪念捐赠者的。可见哥伦比亚大学的募款捐助文化相当成熟，值得我们好好借鉴和学习。

我们还去了距纽约市 80 公里的西点军校。作为专门为美国培养军官的高等军事学校，西点军校在美国享有很高的声望和地位，建校 200 多年来，为美国“贡献”了很多改变国家和世界历史的著名校友，包括南北战争时期双方军队的总司令格兰特将军和罗伯特·爱德华·李将军，“二战”名将麦克阿瑟将军、巴顿将军，以及艾森豪威尔这位“将军总统”。在和平年代，西点军校同样成绩斐然，美国先后有 18 位宇航员出自这里；全球 500 强企业中，累计有 1000 多位董事长、5000 多位 CEO 和总裁是西点军校的毕业生。

西点军校招生很严格，它从全美国中学最优秀的前 5% 毕业生里选拔，为学生写推荐信的大多是政坛赫赫有名的大人物，从市长、州长到国会议员，甚至包括美国总统。符合报名资格的学生每年约有 3000 人，录取 1100 人。西点军校对学生的教学和管理非常严苛，学生读不下去就自动退学或被淘汰，现场的军校 Tour（专职导赏）告诉我们，淘汰率高达 19%。西点军校的使命是:“教育、训练并激励全体学员，以使每名毕业生成为献身于‘责任、荣誉和国家’价值的现役军官，随时准备着，以所学优异专业知识为祖国服务。”在参观中心，展板中“人类精神”一栏令我印象深刻:“毕业生明白，唯有持续培育他们的‘人类精神'，增强品质、开阔视野，才能有效地适应瞬息万变的战场和这个动荡不平的世界。"军校内有教堂，在教堂中央的彩色玻璃窗上，我再次看到了西点军校的校训：责任、荣誉、国家。培养学生发自内心的责任感、趋善避恶的荣辱观，以及为国家勇于献身的精神，是西点军校始终不渝的教育理念，也无时无刻不体现在学生的日常生活中。

从纽约前往华盛顿的途中，我们绕路走访了普林斯顿大学这所美国古老的高等学府。一进校园就感觉"贵气"逼人，富丽的楼体，繁复的建筑雕刻，精心铺设的校园道路，经过细致打理的树木和草坪……这是一所不办理学生贷款的大学，也是全美第一所这样做的高校。但 60% 的学生背后都有大企业或机构资助，并早早锁定了毕业去向，可谓跨进大学的同时也奠定了自己的事业人生。作为老牌"常春藤"大学之一，普林斯顿大学历史上出过两位总统，有 31 位校友获得过诺贝尔奖，目前在校任教的教授就有七位诺贝尔奖获得者。根据早前公布的数据，普林斯顿大学共有 6600 名在读学生，其中 4700 名本科生，1900 名研究生；而师生比例高达 1 : 6，在全美大学里名列前茅。可见在耀眼的教研成果背后，是非常大的师资投入。

有意思的是，普林斯顿大学有一个学生政策，叫"荣誉规章"(Honor Code)。一旦你签署了这个规章，就意味着你必须诚实，并自愿承担"双向责任"。考试没有人监考，也没有摄像头，但如果你看到别人作弊而没有举报的话，根据"双向责任"

▶ 普林斯顿大学

条款，你同样要接受处罚。

普林斯顿大学有一座著名的图书馆，藏书多达1100万册，其中主要馆址 Firestone Library（燧石图书馆）的藏书量就超过600万册。我们一进入馆内，就看到学生赠送的镶木金属字：“该馆带领我们通往书本中无穷无尽的机会和变化。”

在马里兰州，我们又去了另一所私立大学——霍普金斯大学。就排名而言，这所大学是世界顶尖的私立大学，它是全美第一所研究性的大学，医学和卫生专业都是该校的强项，先后有37名校友获得过诺贝尔奖。由于科研能力强，该校每年从美国国家科学基金会、国家卫生研究院、国家航空航天局以及美国国防部取得的科研项目、获得的科研经费，连续30年都是全美最高的。高额的科研经费成为学校的重要收入来源。

我主要想和大家分享的，不是霍普金斯大学的办学，而是该校设立的名叫 CTY 的学习中心，全称: Centre for Talented Youth（精英少年中心）。这个有特色的学习中心，已经成为世界范围内权威性的资优少年选拔及培养机构。CTY 最初是由该所大学一名心理学教授朱利安 · 斯坦利于1972年创办的，多年来建立起一套完善的体系，除了青少年的学业成绩，同时结合个人特长和资质，把优秀的中学生选拔出来集中进行“精英培养”。从1992年开始，这个机构项目拓展到全球，每年来自全世界的学生都会参加这个资优选拔，亚洲在香港科技大学设有选拔点。颁发 CTY 证书的时候，很多中小学生都由家长陪同，穿着正装来参加。持有 CTY 证书，意味着获得了名牌大学录取评审中值得参考的权威认可资料，同时也有资格参加精英夏令营了。暑期放假，别的大学校园里是空荡荡的，而这所大学校园里人流涌动。我们来访的这一天，刚好是暑期夏令营结业的时间，操场上到处都是欢乐的家长和学生。虽说是暑期空档，这所大学的场地和师资还不够用，还要聘请外部师资和学生志愿者协助。

讲到中小学生，10 月份我与家人去澳大利亚时，专门走访了一所有 150 年历史的学校——吉朗学校（Geelong Grammar School，简称 GGS）。这是一所 12 年一贯制的中小学校，主校区位于距墨尔本 75 公里的城市吉朗，靠着海边，风景优美，校园有着英式红楼、现代雕塑、平整的草地和橄榄球场，因紧挨着的海湾叫科里奥湾 , 所以叫科里奥主校区。

这所学校有四个校区，有两个校区是学前班学生和小学生就读，另两个是 5 年级至 12 年级学生走读或寄宿的校区。这次和大家分享的，主要是该校的一个很特别的学制和它的分校区之一——Timbertop 分校区。吉朗学校 5 年级至 12 年级的学生，大部分时间都在吉朗的科里奥主校区就读，唯有 9 年级的学生，要全部搬到离主校区 300 公里远的偏远山区，在一个叫作“Timbertop”的分校区全寄宿学习，为期一年，然后再回到主校区美丽的校园。这一年，学生除了学习日常课程，主要活动是野外训练，徒步爬山。学年结束当日，每名学生都要完成 28 公里越野跑的考核。

这一年里学生都住在小木屋的集体宿舍中，生活起居自己安排，不能上网，不能打电话，不能用手机和网络电子设备，与家人联络只能用最传统的邮寄信件的方式。学生每天都有体力训练，如爬山、游泳、干农活、养牛、种植葡萄、采摘葡萄并将其送去酒厂酿葡萄酒等。在这样的过程中，学生可以综合地学到英文、数学知识，还可以学到化学知识。例如：葡萄园管理要写英文告示板吧，多少重量的葡萄酿出多少毫升的葡萄酒要计算吧，葡萄变成葡萄酒的过程需要了解化学过程吧。每年学校都自产葡萄酒。一位家长朋友在香港送给我一瓶这样的红酒，是梅洛和赤霞珠的混合葡萄酒。他的孩子曾参加过这个项目，葡萄酒是他的孩子当年参与生产的，价格很便宜，市场售价约每瓶 10 澳元。我喝过，口感不错。我今天也带来一瓶，等会儿分享给师生们。

在 Timbertop 分校区，接待我们的是两位 9 年级的学生，他们刚完成每天的长跑回来，两人首先冲线，获得的奖励就是可以接待像我们这样的来访客人。跟着他们参观，听着他们介绍，言谈中可以看出，他们都很阳光、自信，正向、积极，有着超出同龄人的成熟。我问他们：你们每天最快乐是什么时候？他们异口同声地说：最快乐的时候就是每天长跑冲线的那一刻。我们走了大概半小时，还看到有学生气喘吁吁地跑向终点，因为每个学生的起步时间和速度都不一样。这里跟设施齐备的主校区完全不同，是另外一种景象，学生在这里需要拾柴、劈柴、烧水，三人合作才能洗个热水澡。

▶ 吉朗学校及其 Timbertop 分校区

我们见到了吉朗学校的国际部主任 Angela Mellier 女士，交流很愉快。在她的办公室，我继续向她了解，在这个特殊的一年里，学生得到了什么。Angela Mellier 女士结合多年经验，给出了自己的阐释：Timbertop 特殊的学习生活环境和学习内容，使学生可以在 Physical（体能）、Emotion（情绪）、Mental（精神）、Cooperation（合作）、Academics（学术）五个方面得到锻炼。对处于青春期的 9 年级中学生来说，这些是人生这个阶段需要成长的重要方面。

虽然了解了在山区的特殊学年的学习内容和作用，但我还想弄清楚，这个学年计划设置背后的核心理念是什么？为什么选择这种“野外生活”和课程设置呢？

感谢一位教育界朋友帮助安排私人预约，在校长办公室，我有幸与吉朗学校的校长 Stephen Meek 博士交谈了半个小时。寒暄过后，我就直接问了这些问题，Stephen Meek 博士告诉我，Timbertop 项目已经成熟运作了很多年，具体设置也会随着时代变化有一些改变。现在的状况是，现代社会的青少年，什么都得到得太容易了，很容易沉迷在电子世界或者某项个人嗜好中，家长和学生自己很难克服这些问题，学生缺乏面对困难、提升自我解决能力的综合训练。Timbertop 项目，就是给学生“制造”困难，而且是学生有能力克服的困难。学生每一次克服困难都是在自我锻炼、自我肯定。

我非常感谢校长让我理解了 Timbertop 项目背后的理念，

并且非常赞赏这种理念。Stephen Meek 博士见我如此高兴，开玩笑说:“你这么喜欢这么赞赏，好像你想来就读呀。”我说:“是呀，如果我年轻 30 岁，这个课程我很愿意来读。”

大家都知道英国王储查尔斯王子。1966 年他曾在 Timbertop 读书，也是这所学校最著名的校友。2010 年，他依然怀念那段经历，他说:“这段日子充满挑战性，把我从年轻的小伙子培养成为一个成年人，我还记得那个时候我经常挣扎：是索性放弃还是好好坚持下去?

“我还记得当年遇到的一些难题，包括在澳洲山岭间徒步，以及在 Timbertop 想尽办法解决生活日常需要，回想起来充满了欢乐和骄傲!

“还有课程中必须要做的越野跑和日常轮值事务，如劈柴烧水、清理捕虫器、处理烂泥以及各项厨房任务等。

“这些经历从各方面令我得到成长，每当我回想起来都觉得非常怀念。”

在回来的路上我一直在想，Timbertop 真正做到了让学生“以苦为师”呀。通过“制造”困难让学生去解决，提高了学生解决困难的能力和信心，这个教育理念是很有启发性的。

三、关于我们学院的思考

从各地学校的成功经验中，我们看到每所高校都有自己的定位，通过不断地探索和积累，建立各具特色的办学模式。

我由此想到我们武汉学院。我们自己的定位是什么？我们自己的特色是什么？如何建立自己的办学模式？其实这是一个很严肃的话题，关系到我们学校未来的走向，未来的出路。

民办高校走向何方？首先是培养的学生，只有跟社会的本质需求相契合，才有长久的出路。在各类不同状态的高校中，目前来讲，很明显的，有两类高校一定跟社会的本质需求相契合，培养的学生都是社会所需的。一类是顶尖的名牌高校，世界排名前列的大学，在国内起码是“一本”以上的重点大学。社会的精英几乎都在那里培养，包括各行各业的专家、专业人士、骨干、管理者等。第二类就是提供知识性蓝领的职业培训高等院校，可能从国内来讲就是高职高专。社会大量需要知识型蓝领，由于基础民生性、基本生产性的服务在社会中是广泛存在的，这种海量的社会需求也会永续存在。当下，我们要清醒地认识到，我们武汉学院尚是“三本”院校，还是一个面临合格验收的独立学院，走前一种道路不现实，走后一种道路又不甘心，我们就陷入思考，不上不下，我们的出路到底在哪里？毕业生的前途与社会的需求实现良性循环才有真正出路，我们毕业生的前途到底在哪里？这些问题已经摆在了我们的面前。

1. 学院的现状

2013 年刚好是武汉学院建校十周年，这十年走过来的确不容易。前面几年开办者功不可没，是历尽艰辛的拓荒者。后面几年新的举办者和校董会承接了继续真正办学的风气，继续投入与创新去保持提升。总体而言，这十年是开创的十年，是扎根的十年。十年走过来，扎下了一个坚实的办学基础。

校董会跟我谈了学校过去一年的发展，董事长也给我看了学校方面的总结。有些我就直接摘录过来，一并跟大家分享。

2013 年，新校区取得实质性的进展，各个楼体已按计划破土动工。学科专业建设上了一个新台阶，新增了软件工程、酒店管理、网络与新媒体、视觉传达设计、环境设计、产品设计六个专业，本科专业总数达到 24 个。教学质量进一步提高，出现了不少亮点，比如财会系正式开设 ACA 实验班，参加 ACA 科目全球统考取得 70% 以上的通过率，省级优秀论文增长到九篇，新闻系在产学研上实现突破。我们的师资队伍也在稳步壮大，全年一共增加了 32 名副教授职称以上人员，是目前拥有博士学位最多的独立学院，也是拥有中、青年教授、副教授最多的民办大学之一。这一年学院人力资源管理方面有所创新，出台新的薪酬方案，增加绩效工资模块，从 9 月份开始实施月度绩效考核办法，力度有所强化。在科研成果方面，共有 56 名教职工取得共计 94 项各类科研成果，其中出版专著 7 部，主编教材 5 部，在权威刊物上发表论文 9 篇，核心刊物论文 19 篇，一般刊物论文 54 篇，各级科研立项及获奖数目稳居湖北省独立学院前列。我们的招生人数、录取率、就业态势良好。2013 年我们主抓的毕业生整体水平和就业质量得到连续提高。学生工作、学生服务工作，以及学生自己的校园活动都得到了丰富多彩的发展，辅导员们都很用心，校园文化建设也欣欣向荣。学院的发展得到了社会的肯定，省、市、厅的教育主管部门人员先后来校视察和指导工作，学院也获得了年度“中国最具社会影响力独立学院”称号和“全国教育改革卓越成就奖”。这一年中，学院还尝试开展与其他学校的项目、资源合作，包括与境外高校合作办学的洽谈和国际交流。过去一年，学院发展取得的这些成绩，是经校董会和院务会审议认可的，我也非常认同。在这里，我向负责决策和推动执行的校董会董事们表示感谢，向耕耘在管理第一线的院务会同事们、工作第一线的老师们致以敬意；也向同学们问好，希望你们感受到学校的变化、进步，一起建设校园文化，享受大学校园的学习和生活！

2. 学院近期需解决的问题

当然，我们还是要正视一些问题，或者说需要改善的地方，这些问题的有效解决对我们也很重要。

一个是高素质青年教师的发展空间问题。近年来我们批量引入了高素质青年教师，使得师资结构渐趋合理化，这个策略是绝对正确的。经过几年的培养，这些老师在学术上已经崭露头角，有些也评上了副教授甚至教授。但我们学校的师资管理机构仍不够健全，相关意识也需要提高，系主任和资深教师帮带新老师的政策推行力度不够，还需要更到位的引进政策和培养计划。其实，我们的师资队伍有很大的潜力，学院要相信年轻人，给他们更大的空间和舞台，让有能力的年轻老师冲出来，让有担当、会管理的年轻老师担任管理职务。

第二个是处理好职能部门和各专业系部的关系。实事求是地讲，现在学院职能机构有偏多趋势，行政意见和安排各自出台，系部工作做起来较为困难。虽然各职能部门都想为学院、为系部做好事情，但实际效果却是职能和教学单位的配合出现了一些问题。我们职能部门的定位是既要服务，又要管理。卡得太严服务不到位，放得太松管理又不行，怎么办呢？一定要想着，职能部门首要职责是服务，服务好各系各专业，服务好全院的各位老师和学生，他们是我们职能部门的服务对象。要树立更高的服务意识，把更多精力放在落实学院需求和各系部需求的服务上。比如，建立开放给各系部的服务平台。同时，高效优质的服务必定离不开严格要求的管理。所以，我们的职能部门，要在服务中融入管理措施，在服务中体现管理思路，也在服务中获得管理效果。

另外，要更彻底地解决这个问题，也要作组织架构的调整。可以考虑优化合并一些职能部门。比如尝试“大部制”，让服务意识强又能把握全局的管理人才担当负责，管理机制扁平化，各项措施出台会拿捏得更准确，实施起来会更高效，也会得到各系部更多的支持。

从各专业系部看，应该给予更多机会发挥其自主能力。与本专业业务相关的权责，应该赋予更大的独立性。各系部也要逐渐建立自己的综合能力，提升全局观和判断力。得到综合能力认可后，各系部将会被赋予更多专业导向的自主空间。

第三，学院教学方面，要着力解决“教、学、用”分离的问题。现在大部分的老师只管“教”，学生“学”得怎么样，不在教师的职责要求范围内。同时，也有“教”的内容过时，或一套教案几年不变的现象。其实，想教好学生的老师是需要我们鼓励、帮助和继续培训的。“用”指的是培养学生的实际操作技能，目前武汉学院培养的人才以实用、应用型居多。相对于高职高专，我们培养的学生，要掌握一定的实际操作技能，起码要做到可以直接上岗，同时也应该具备扎实的理论知识，可以继续研究深造。这对学院的老师们就提出了更高的要求。我们学校的老师不应该只会按照课本教课，更应该是工程师、画家、记者、播音员、翻译家、注册会计师、金融市场分析员。老师们在做研究、做学问、做教学时，需要时刻保持与社会接轨，与产业的结合，不能脱离当前的时代。

现在我们人力资源的绩效管理已有较好的开端，可以继续精细化，探索出更合理可行的教学研究业绩导向管理体系，鼓励教师队伍探索出团队和个人更优化的教学方法，在课程上不断创新。

3. 学院的办学思路

武汉学院要办出自己的特色，还是要走产学研的道路。培养精英人才的学校，多是研究型的大学；培养知识蓝领的学校，多是应用型的大学。后者要更多考虑学生的就业前景和适应社会的能力。这两种类型，有矛盾也有融合，我们武汉学院该如何取舍、选择？这是一个不断探索的过程。在这个过程中，我们应该努力走产学研相结合的道路。一方面我们自己的“学”和“研”要持续加强，不断提升能力；另一方面还要主动走出去，跟“产”相结合，或者把“产”引进来。我们的出路不是关起门来建大学，而是跟社会“打通”，建一所与社会融合的大学。

再来看看我们这所学校的主体——老师和学生。我们的学生，一进校，相对于“一本”“二本”学校的学生来说是“三本”学生。但从历次沟通中可以看到，我们的学生有一个特点：自强。我们年轻的老师也有这个特点。因此我们的思路是：创造自强的空间，然后全心自强之。学校的举办方和管理层摆在这样的一个位置上：努力创造学校的发展空间。全体师生摆在这样的一个位置上：在教、学、研、用的领域，自爱自主自立自强。

4. 学院的战略思考

如何自强呢？我想还是要有一个战略的思考。

先谈谈对学院经济投入的思考。相对于其他“三本”院校，我们学院的经济投入算是不错的，起码我们愿意投入。脱钩转设与即将到来的教育部合格验收，都对硬件设施有要求，投入建设是必须要过的一关，不然我们就没有成长的必要条件。所以现阶段我们投入较大财力的，主要是新校区的建设。我们不仅按政策要求的标准去投入，而且比这标准更高，投入了更多资源，以体现我们的办学理念和校园文化。

是不是有了新学区，学校发展自然就好了呢？1931 年冬，42 岁的梅贻琦先生被任命为清华大学校长，自此连任清华大学校长达 17 年之久，其中包括在西南联合大学的八年。他在就任典礼上说道："所谓大学者，非谓有大楼之谓也，有大师之谓也。"梅贻琦先生说他自己是仿照孟子的话说出了以上见解。现在我引用梅贻琦先生的话，没有仿照，只有赞叹。

的确如此，校园、教学楼是学校的必备基础，然而只能说是为学校未来发展提供了一个较好的起步点，后续呢？虽然我们这个"大楼"项目的建设资金投入不菲，然而校董会包括我本人，更看重的是学校软件的建设、教研体系的建设。新校区建立起来以后，对学校培养人才和学术研究的持续投入，才是真正体现教育水平和教育贡献的投入。投入需要经济来源，这个经济来源从哪里来？

看看国外私立大学经费的主要来源，一是学生学费，二是募捐资助，还有就是科研经费。我们学校未来发展所需的资金投入从哪里来？如何探索一条能够自我再生、良性循环的运营模式？那天我还在跟校董会的几位同事沟通这个事，大家决心很大，也在想办法，做尝试。大家开玩笑说，这真是叫"流血、伤神、拼命"。"流血"还是"无底洞"，而"造血功能"在哪里？有人提出创立一家企业制的公司，也有人提出以基金会的方式运作，但是如何决策现在还没有结论。我们希望可以在经济上找出一条自我循环的道路，有持续的经济来源，解决学校资金持续投入的问题。

再说到办学管理的思考。我想后续有两项工作是要特别提出来，引起我们重点关注的。

一个是学校的行政管理。刚才提到我们学校看重的是软件建设，包括教研体系建设、管理队伍建设等，组织架构和绩效激励部分，需要更加符合教学规律。前面走过的十年，积累了经验和基础。迈向下一个十年，我们一定要在这方面多作思考。今天也和覃有土院长谈到，覃有土院长和校董会，包括我在内，都会在今年内一起来物色院长的接班人。老院长心胸开阔，“扶上马，送一程”，真正为学院去找精神传承和经验传承的领军人物。

学校的管理体系，要看最终管理出来的效果。我们在教师里面培养出多少高素质的教师，学生里面培养出多少社会栋梁，学校出多少科研成果，对社会有多少贡献，这是我们评估的一个方向和标准。我希望，各位管理层和老师确立一个想法，无论是在人员和组织架构的变革中，还是绩效激励的日常管理过程中，心思和精力都贡献在学院未来、贡献在学院发展这个工作方向上，因为如果掺杂了其他考虑而偏离了这个具有长远意义的方向，反而会误了自己的努力，将会很可惜。

还有一个是师资力量的打造。这是重中之重，我们要大力投入，要有“土壤”让更多老师成长起来，要努力培养，搭建舞台，让更多老师得到发挥。说到底，武汉学院发展的核心财富、核心竞争力是什么？就是我们年轻的教师队伍，我们自己培养的教师队伍如果成长起来了，赤诚办教育，办出成果，这批老师将是我们武汉学院的明天，也是武汉学院最核心的财富。我们也要有在产业、行业、社会中有所成就的导师队伍，由他们传授给年轻教师人生和工作的实际经验。

5. 学院的使命

我们教师中的博士生导师、名师虽然有一定数量，但是作为“三本”学校我们要很清楚，我们跟“一本”“二本”是没法比的，大师、院士我们是很难请来的。

（1）明师

我们要培养自己的教师队伍。我们的教师队伍要培养成什么样子呢？把老师培养成有名的大师吗？有名气的不一定有真正的学问呀。我们重实质不重形式。我们培养的老师，应该是有实学、有智慧、有能力、有师德的明师。教师对自己的专业有“学”，对自己的品行有“修”，以身作则，学生都愿意跟着你。明明白白、智慧通达，你用赤诚之心办教育，你就是明师。我们学校非常看重对教师的培养，就要培养自己的明师。学校需要引进教师时，首先不是看他是不是一位名师，而是看他是不是一位明师。至于明师日后是否享有声名，成为名师，无须我们去操心。有福分的，自然水到渠成；无福分的，就算名气不来也会坦然处之，因为你是一位明师。

我们学校的核心财富就是一支明师队伍。明师不为学生回报，不为个人名利，出于教师的天性，时刻贯彻的就是用一颗赤诚之心办教育。“丹心育桃李”是我们的教学风气。

（2）明生

明师教出明生，我们的学生跟着明师走，自然就会成为明生。何谓明生？我们把学生培养得自爱自立、明德懂理、有思想有智慧，这样的学生就是明生。

学生在成为明生的过程中，我觉得用经典的“学而时习之”这个学习态度最为合适。“学而时习之”，老生常谈了，但是借此我想谈谈一些体悟。

以前老师教的时候，我当时理解“习”是“复习”的意思，但复习很累，怎么会有乐趣呢？我还自己理解复习可以让考试成绩好一些，复习起来可能就快乐一些吧。后来知道这个“习”是“练习、实践”的意思。你学了滑雪就去体验滑雪，学了骑马就去体验骑马，还真是有乐趣。学了一个技能，应用它就能体会；学了一个人生道理，应用它就开了智慧，无疑都是莫大的喜悦。

“学而时习之”是《论语》的开篇，《论语》是“大人之学”，所谓“半部《论语》治天下”。这样一本重要的治世经典，第一句就告诉我们要以这个态度去学习经典，受用不尽。

“学而时习之”，“时”表明要时时地应用，经常地应用。将学到的知识应用到实践中，再于实践中更深刻地理解知识，这就形成了学习的闭环，检验学习的效果，使之成为学习过程中的一个习惯。

“学而时习之”是上半句，下半句是“不亦乐乎”，“乐”同“悦”，是指发自内心的喜悦。该句采用的反问句，就是要反问你，需要你自己体会。你自己真正学到了、习得了，才会有真正的喜悦。

我们的学生在“解行并进”的实践中体现的学风就是“学而时习之”。我们创造这种氛围，创造这样的平台，让学生可以“学而时习之”，树立“解行并进”的人生态度，以这个态度对待学习，走向社会之后，同样以这种态度对待工作。

（3）明校

培养学生的老师是明师，老师培养的学生是明生，种什么因得什么果，我们的学校自然就成为一所明校。

作为民办高校，如何成为一流的大学、出色的大学？我们要明白和坚定自己的道路，重实质不重形式，培养出的老师是智慧通达的明师，培养出的学生是自立明德的明生，师生矢志创建的是受社会尊敬的明校。因此，我们学院的使命是：明师、明生、明校。

6. 学院的愿景

看看我们所处的社会环境，种种问题；看看我们所处的人事环境，种种矛盾；看看我们所处的生态环境，种种失衡。

我们处于一个不够好的时代，但幸运的是，我们也处于一个不断变好的时代。我们应该有客观面对的态度。

从企业发展来看，回顾 20 年前，或者更早一些的 30 年前，也就是国有企业非常多的情况下，民营企业刚刚盈利，那时候民营企业很脆弱，生存的空间很小。改革开放 30 多年，民营企业一步步走了过来，每一步都是很艰难的。但是我们回过头来看，当时就是孕育创业、孕育民营企业的一个机遇。那时诞生的企业中，产生了联想、华为、腾讯等一批国内甚至国际知名的非公办的企业。今日的社会环境，也给了民办大学一次发展机会。

我们知道，很多成功的大学之前也是一步步走过来的，也需要时间的累积和人才的汇集。在这个时间点上，既有国家政策支持民办教育，也有我们学院自主转设向前发展的机会。我们都不要辜负机会的孕育，不要辜负这个时代。

我们要好好把握这个机会，举办方、管理层和师生们共同去实现理想，追求愿景。我们要树立一个怎样的愿景呢？我想起了我和我的伙伴们讨论腾讯愿景的场景：是成为最赚钱的互联网公司吗？是成为实力最强的互联网公司吗？都不是的，我们的使命是提供给用户像水和电一样的互联网服务，给用户创造价值，通过互联网服务提升人类生活品质。我们的所行所为 , 要得到用户、员工、合作伙伴、股东和社会的认可和尊敬，这才是检验我们的目标是否达到，检验我们是否偏离通往目标的道路的标准。所以我们在讨论和制订腾讯的愿景时，愿意把“最受尊敬的互联网公司”树立为愿景。

同样，百年大计的教育志业，需要艰辛付出，需要创新突破，需要代代积累。既然我们的使命是“明师、明生、明校”，我们需要寻求内在的东西，致力于教育实质的提升，得到老师、学生、社会的认可。一批批走向社会的毕业生给社会贡献了什么，这才是最重要的。因此，我们愿意把独立学院通往民办大学之路的愿景树立为“最受尊敬的民办大学”，吾辈以最大努力践行之！

通往美好愿景的道路，我相信方向是正确的，但是能不能实现愿景呢？“道之所在，虽千万人吾往矣”。但是仅仅有精神还不行，如果“死”在半路上只能是“烈士”。我们一定要务实地“活着”走上那条路。一方面我们将同行视为伙伴，资源合作、抱团取暖，共同走出民办大学的路子；另一方面，更重要的是我们自己积极进取，不断创新。

我们已经走在“解行并进”的道路上，感谢一年来辛勤耕耘的老师们和孜孜不倦的学生们！马年新春将至，衷心祝愿师生们新春进步，身体健康，新的一年马到成功！

四、互动交流

提问：您这么多年来一直在做慈善教育，不仅一直坚持在做，还坚持用心做，非常不容易。请问做慈善教育对您有什么影响？

您最大的收获是什么？您还有什么样的期望？

陈一丹：刚开始做慈善，还是抱着随缘和朴素的感情。原来就是想着有机会回馈母校深圳大学，有机会回馈腾讯的用户，就乐意去做、去尝试。所以，做公益慈善是非常快乐的，自己快乐，团队快乐，带动他人也做公益慈善更加快乐，这是过程中的感受。然而，在更多的时候，受助者的真诚，受助者状况的变化，向公益同行的学习，都是对自己的一种感动、一种帮助，心胸得到了开阔，心智得到了进步。所以我要感谢慈善公益，给了我一个自我教育的机会。后来，接触的公益方向有很多，也会边走边思考。我渐渐明白，解决社会问题，归根结底需要社会的进步。社会进步靠的是一条看似很慢，但其实也是最快的路，那就是教育。所以我自己在公益方面，也愿意花更多一些的精力在教育领域。

记得第一次与武汉学院老师座谈时，我说有三种职业与众不同：一个是医生，救人生命；一个是老师，教人慧命；一个是神职人员，传经传道。这三种都是职业，可以拿工资的，但又不是一般的职业，而是神圣的职业。老师的职业道德，作为明师而言，这是最低标准了，是底线而已。在此基础上，如果我们的老师，愿把教育作为自己的事业，那么让我们在这个教育平台上一起成就；如果我们的老师愿意把教育作为终生的志业，让我们携手，共同践行学院的使命和愿景。

提问：陈一丹先生，请问在众多的学校中，您为什么选择了投资武汉学院？您看重武汉学院的哪些方面？

陈一丹：我第一次听到武汉学院的名字是在 2007 年。当时湖北有一个学校，好像在寻求收购，校方问我会不会考虑。我说我不考虑，除了互联网我没有心思做别的事情。其实腾讯上市以后很多人找过我，有做房地产的、做贸易的、做理财生意的等，很多提出的回报率还很高，但我和伙伴都专注在互联网领域，互联网的事情都做不完。校方很坚持，一次又一次地来找我，他们说这个不是让你赚钱，这是一个教育事业，不能当投资。我就开始认真思考了，也是做公益慈善的经历教育和启发了自己，愿意在教育这条路上走。

至于选择武汉学院，一旦有缘，就开始结缘了。我也没有专门像并购项目一样，找团队全面搜集全国有多少民办高校，分析哪一所收益率最高，哪一所性价比最合适。一是当时我真的没有时间，二是我觉得这是一个缘分，简单操作，就往前走吧。但是基本面还是得了解，吸引我的地方是武汉学院当时虽然底子薄，还有外债，但是里面的管理者和老师在真正办学，办学的风气还是很正。这与我的理念是一样的，要办学就真正办学。如果有合适的投入和变化，“船”小好掉头，但办学风气影响才是最大的，师生能同心合力一起往前走，这才是最重要的。所以，未来我愿意和师生共续这段缘！

提问：请问尊敬的陈总，您从腾讯卸任以来，对武汉学院抱有这么多的期望，投入了这么多的精力，我个人很感兴趣的是想知道您是不是后半生就在武汉学院黄家湖畔养老，在这里安定下来，和我们师生一起，看着我们茁壮成长和进步呢？

陈一丹： 刚才我也提到了，我愿意和大家一起，把教育作为志业，把教育作为一生的事业去推动，这个是我非常乐意的。武汉学院很有机会成为一所能闯出自己一条路来的民办大学，我们会为它倾力投入，在这个过程中我们不会单纯地闭门造车。我个人也会花一些精力在公益领域，或者是其他一些教育领域上，但是我相信这些领域，反过来有助于为武汉学院的未来发展提供更大的平台和空间，立体式地将武汉学院推向前。

提问： 陈先生您好，我们都知道学校即将搬往新校区，可能新校区里面的设施以及周边市政基础设施都不太完善。我想知道学校会采取怎样的举措来保证师生的教学和生活条件呢？

陈一丹： 这个问题校董会和院务会一直都非常重视，他们也跟我提过转过去自然会涉及交通、生活、学习、师资各方面的问题，还提出过"分步走"等想法。在这方面校董会和院务会思考非常多，也做了大量工作，我想请董事长来回答这个问题。

时任董事长： 新校区从地理位置来看我个人认为交通还是非常便利的。确确实实可能刚刚过去的时候，相关的一些周边配套基础设施还没有形成，但是我们学校自己会有配套的基础设施。我们不依靠于附近是不是有商圈，或者是有没有可以让同学们去娱乐、闲逛的地方。我们最近一直在跟张副院长沟通，我们起码能保证搬过去的时候，即 2014 年，可以有网吧、有 KTV，也有可以生日聚会、会餐的地方，同时也能保证学生宿舍有空调、有热水，我们也能保证图书馆有非常多的自习室，这都是同学们非常关注的。可能设施设备的配套不能一次到位，但是我们会一步一步走，先满足最基本的条件。新校区的设施从一开始就会比武汉学院现有条件上一个新的台阶，例如宿舍里面的空调、热水，在武汉学院现在的老校区，不是我们不想去做，而是无法实现，一是相应的宿舍没有热水管道，第二个是我们整个用电容量已经基本上饱和了，政府也不可能再为我们增容。2009 年以来，我们已经连续两次增容了，已经把该用的指标都用完了。在老校区，有些设施确确实实存在缺憾。新校区那边虽然周边环境不是很成熟，但是校园内设施、设备应该还是十分完善的。

提问：陈一丹先生您好，在记忆中这是我第三次聆听您的讲话，每听一次对我们学院的未来的信心就增强了一点。刚才您讲到澳大利亚的 Timbertop 学校，我是在澳大利亚读的研究生，但是很遗憾我没有去过那个地方，心里觉得非常惭愧。尽管我对我们学院的未来很有信心，但是从近期来看，我感觉我们经常会面临一些困难的选择。比如说您刚才提到国外一些受人尊敬的学校都是有淘汰率的，国内一些受人尊敬的学校也是有一定的严格淘汰机制的，但是我们这种学校如果引入一些严格的淘汰机制，就会面临很多问题，很多老师也在谈论这些问题。如果我们也搞淘汰机制，首先有可能损失生源，一些学生就觉得进入这个学校不好毕业，也不好拿文凭，就不报这个学校了，这样学校的经济收入就会面临一些困难。我不知道学院的领导层有没有做过心理准备，在将来是否能够面对这些困难。您如何看待这个问题？

陈一丹：一个学校的发展，应该找准自己的方向，全方位地推动，是整体的发展而不是单一的举措。现阶段我们学校还是要把自己的教师队伍建立起来，平台搭建起来，让他们有更大的发挥空间。走产学研道路，这是适合我们自己的方向。

学校在每一个阶段都有它面对的一些主要矛盾，这个要抓住；对于一些措施，比如引入淘汰机制，其实是可以在一个更为成熟的阶段去思考的。但是那时思考的点，不是说因为高淘汰率就会成为有名气的学校。我们客观地分析，看学生的入校情况，我们入校就是“三本”学生，到毕业生出校，整个过程需要相匹配，进校和出校如果只抓一头，可能解决不了问题。

同时，在淘汰率方面，我谈谈腾讯。腾讯也是发展到一定规模才有整体 5% 的淘汰率。确定淘汰率背后的理念很重要，它要在达到一定人数规模以后才可施行。这个淘汰率不会引发大的波动，不会影响到结构的稳定，同时又符合优胜劣汰的原则，可以让学生整体素质不断优化。

在每一个阶段做每一个阶段的事。按照现在的教育体制，一个学生要半途退学，这个机制是怎样的？操作可行性如何？在海外的确有很多例子，有学生自己要退学，他修不上去了，或者是读了很长时间学分就是修不到。海外是进校容易出校难，我们是通过高考进入大学就“大放松”了，这些不同情况都要了解。现阶段我们学校的重要工作，还是集中精力培养学校现有的学生，提高现有学生的综合素质。

2014 年 1 月 5 日

聆听，世界创新的声音

——在 2014 年度“陈一丹奖教奖学金”颁奖典礼上的讲话

亲爱的老师们、同学们：

大家下午好。

每次回到武汉学院都感到很亲切。这么快又到了年底，迎来了新年。这次来到一年一度的颁奖典礼上，很高兴看见师生们这一年来的努力，也看到学校这一年来的进步，在这里先恭贺获奖以及获得提名的老师和同学们！

我想和老师、同学们一起聊天，聊一聊这一年我经历的一些事情。

一、斯坦福：法学院的访问学者

去年 9 月，我在斯坦福大学开始为期半年的访问学习，主要是在法学院学习。时过三个月，现在是假期，过几天我又要回去继续研究和学习。我研究的课题是知识产权。我国的《著作权法》颁布多年后，正面临第三次修订，我有幸成为《著作权法》修订专家委员会的委员。我希望通过研究中美知识产权，能够履行职责范围内的修订工作，同时通过在著作权立法的前沿观察及未来趋势等专业领域的研究，能够有所收获。在斯坦福法学院，我们是分学期授课，每个季度为一学期。我一开始不太适应，本来就是“土鳖”，英文当然就“别扭”。尤其是在纯英语的环境里，听力一项更使得交流变得困难起来。前三个月是我适应的时期，也没有怎么去做研究，而是专注在我选修的三门课上。美国大学的教授方式跟国内很不一样。一般访问学者以研究为主，至多选两门课，而我选了三门。自由学者可以拥有较高的自由度。每天下午，我都有 90 分钟的课。周三上午还上一个二十四式太极拳的课程。

在这段时光里，我每天的作息都很规律，仿佛是一个周而复始的过程，重复着相同的事情。这样的过程对我来说是一个全新的挑战，之前在腾讯创业的 15 年里，从来没有过这么“一成不变”的节奏。但我很快而且很愉快地进入了这个角色。第一天上课前，我把教授发来的准备材料都看了一遍，虽然是英文的，但因为那些知识产权理论和案例与国内有些是相通的，所以我以为自己都很清楚了。第一节课坐下来，教授说完“下午好！”，后面我就都听不懂了，意思完全“get”不到，如听天书，一下子压力来了。怎么办呢？只有调整自己，每天用心去听，甚至去猜教授在讲什么。当然也要感谢其他同学课后帮助我理解。在美国期间，每逢周六、周日有时间我也出去走走。我曾抽空去旧金山看了一个航空展，那是一年一度展示美国军备实力的传统表演。

▶ 参观航空展

二、美国东岸：考察产学研潮流

我是 9 月到斯坦福大学的。8 月我先去了华盛顿，主要是与美国版权局、互联网协会、软件与信息产业协会等机构交流，并参观了最高法院。华盛顿是美国的首都，也是联邦立法的发生地，每天都有数以百计的法案在国会被讨论、通过或者驳回。很多产业的代表都会在那里设立一个立法的游说组织或机构。传统电信通信业是立法游说的大户，其中也包括互联网行业。很多电信业和互联网公司的总部在硅谷，但大多都在华盛顿设有中心，负责立法游说和政策研究。

我们与这些组织交流后发现，他们游说立法的过程、影响程序的做法和判断是很有意思的。例如，他们现在判断，奥巴马总统还有两年任期就要改选，这个时期美国政府对于知识产权或者互联网立法会抱持相对保守的姿态，不会主动寻求突破。

我们访问了美国版权局，它相当于我们国家的版权管理机构。美国版权局设在美国图书馆，这是因为美国图书馆是最早的版权登记机构，于是就一直延续至今。美国的国家图书馆就成为了一个执法机构。在知识产权的立法过程中，美国版权局会公开征求社会各方意见，并举行公开听证会。他们得知中国的《著作权法》正在作第三次修订，也很主动、积极地把美国的行业意见提供给我们国家的相关部门参考。美国是版权内容输出大国，也是版权的主要主张国。交流过程中我们了解到，2014 年 12 月出台的《美国版权局实践纲要（第三版）》（Compendium of U.S. Copyright Office Practices，Third Edition），不仅包含了迄今为止所有与版权登记审查相关的法律的变化，而且加入了大量的司法判例和实践，每个案例是怎么判的，描述得很细致。一个个具体的例子为审查员提供了准确的指引，美国实用主义的法学思路由此可见一斑。

我去的第二站是纽约。以往去纽约都是去华尔街，国际金融的中心。我这次去则主要是深入到纽约林立的各种大厦中，里面藏着为数众多的中小微企业，大多都是一些创新企业。比如我去到了明日实验室（Tomorrow lab），小小的一个实验室，开发各种产品，在硬件上融入一些原型设计，将科技理念、设计和制造三个环节打通。比如生产一个智能药瓶，这个药瓶里面有传感设备和信息系统，服务对象是那些需要长期服用昂贵药物的人群。这一部分人把药输入到药瓶里，传感器会“告诉”他还剩多少，提醒他每天吃多少量，还会将患者服药情况都送到数据网络上，数据传输过程都符合美国 HIPAA 法案的数据传输合规要求。比如电量贩卖机，为那些需要一次性大量充电的人群服务，人们只要刷卡投币就可以现场充电或购买电源使用，这也是一个实用的小创新。这类小创新还有很多。原来纽约也藏着很多创新企业，这跟美国鼓励创新的国情有关。

接着我去了波士顿，与波士顿一河之隔的就是剑桥市。提到剑桥，大家可能会首先想到英国剑桥，其实美国麻省（马萨诸塞州）也有一个剑桥市。这是美国“常春藤”名校密度最高的地方。各个高校里面有顶尖的实验室和研究机构，其产学研中的“学”和“研”都扮演着关键的角色。剑桥市的市长马荷先生（David P.Maher）就在校园的草坪上欢迎我们，很轻松随意地跟我们交流。这和我们熟悉的很多规范的政府接待感觉大不相同。他讲到哈佛和麻省理工（MIT）两所大学成就了一个城市，就是剑桥市。他提到了剑桥市对创新产业的支持，比如提供一些比较便宜的房子、创业基地等。其实这些都是学校产学研结合的体现，但是政府的支持也很重要。此前我也曾与一些中国学生交流过，为此我问剑桥市是否支持中国学生多过来留学。剑桥市市长说，那是学校自主的事，不是市政的事，但是他看到一个现象，就是哈佛和麻省理工的中国留学生越来越多了。在剑桥市我们可以看到，市政府与学校密切配合，为当地初创的科技企业发展提供了很大的支持，甚至他们会资助资金，提供一些免费办公空间，采取减免费用等政策去支持创新。

麻省理工有一个非常有名的媒体实验室。这个媒体实验室研究的并不是简单的媒体，而是真正的介乎人与人之间独立产生的媒体，所以它的研究范围非常广。这个实验室每年研究经费达4500 万美元，独立的研究经费来自很多渠道，其中一个重要的来源，就是企业的资助。比如视觉媒体的实验室项目，其经费就是来自谷歌的基金拨款，它们在越南、柬埔寨都有一些科研项目，致力于帮助“信息平民”，有点像我国进行的建设农村信息化工

▶ 陈一丹先生参观麻省理工学院

程。这个由学校主导的媒介实验室成立 30 年了，有 150 名在读的博士研究生参与，涉及 350 个项目。它针对不同领域甚至未知的领域，做着一些最前沿的探索，比如穿戴计算的研究，可携带互动界面以及高效率计算系统的研究，在城市设计可折叠的电动车，甚至用电子手段对神经失调进行治疗。我去了之后，感觉他们在产学研中，“研”的这一环是非常前沿的，而且是世界领先的前沿。这里的产品还有全息照相机、人造外骨骼。这些是给残障人士用的吗？只是其中的一方面，它可以给军队甚至所有人使用。戴上人造外骨骼，就可以轻易举起很重的东西，这在军事和民用上，都会有很多的应用场景与实际需求。还有给 5 到 8 岁的孩子开发的积木编程程序语言，孩子不再是沿用传统的模式接受教育，而是通过“试错项目”，一边“错”一边“学”。

人工智能实验室是麻省理工的另外一个实验室，它最出名的成果就是美国的登陆星球机器人。许多国家级的项目，都是由这个学校实验室研发的。

我们在哈佛校园走一走，随处可以感受到不同的文化背景与氛围。比如 Henry Miller Memorial 图书馆就是一位母亲为了纪念逝去的儿子 Miller 而捐赠的，因为他儿子曾是哈佛的学生。我们可以看到中国留学生送给哈佛建校 300 周年的礼物，是一个赑屃驮碑。美国的学校社团，男学生参与的叫 Fraternity（兄弟会），女学生参与的叫 Sorority（姐妹会），哈佛有名的兄弟会坡斯廉俱乐部被戏称为“猪俱乐部”。他们还对外售卖各式各样的

▶ 陈一丹先生于哈佛大学留影纪念

纪念品。希望武汉学院的新校区，以后也能对外售卖一些受大家欢迎的纪念品。

三、硅谷：科技创业的繁荣生态

来到美国西岸，我再次去了硅谷。硅谷是美国互联网和科技企业的总部所在地，也有很多创新企业在这里，它们都希望在这里成为下一个谷歌和 Facebook。我这次走访了一些企业。

第一站是谷歌。谷歌成熟的创新文化也体现在文化的兼容并蓄上。为了接待我们的考察团，他们把点心都做成“QQ”模样，多么成熟而真诚的好客之道啊。我们和谷歌的高管交流，会议的末半段，谷歌的创始人 CEO 拉里 · 佩奇骑着自行车来了，跟我们分享谷歌的文化和产品理念，然后又骑着自行车走了，这就是我们在谷歌与他们交流的情形。

▶ 陈一丹先生再次前往硅谷考察并得到热情接待

Netflix 是提供互联网随选流媒体播放的公司，实现了商业模式的创新，通过对电影电视剧节目进行数据分析，找出哪些节目受欢迎。他们的 CEO 里德 · 哈斯廷斯给我们一行讲述了当年根据用户需求探索商业模式的历程。时下很流行的电视剧《纸牌屋》，就是 Netflix 根据用户的需求拍摄和出品的。

还有我们熟悉的 Uber，通过与车辆联系来满足人群的需求。一方面是对可供使用的出租车或车辆的数据分析，另一方面是即时用户的需求，他们用互联网模式把两者连接起来，产生效应。我们问 Uber 管理层，当初 Uber 按车资的 20% 收费的标准是谁决定的？是怎么根据市场决定的？ Uber 创始人特拉维斯 · 卡拉尼克说："是我决定的。"我们继续追问：是凭什么数据决定的？他告诉我们，凭的是直觉。

我们还去了特斯拉公司。特斯拉有非常环保的充电汽车，这也是一个创新，尤其是电池的创新，更加符合环保的潮流；同时，它里面的数控也是非常"炫"的，受到年轻人特别是硅谷的精英人士的喜爱。我关心的是他们的激励文化。特斯拉给员工的薪资其实是很低的，包括高管，普遍低于市场价位；但是特斯拉发了较多期权，吸引了一帮充满激情的人，聚集在一起创造未来。公司如果起来了，大家都有份分享；不成功，就都拿较低的工资。这就"绑住"了一批愿意为未来奋斗的人，而且都是疯狂地为未来奋斗的人，近期也创造了一个又一个奇迹。这就是特斯拉。

我们看到，整个硅谷不只是单纯的企业集群，而且是一个繁荣的科技创业生态系统。它的创业文化非常强，在融资、辅导以及风险文化等方面都有成熟而独到的理念。和其他地区的创业者面临的现实环境相比，美国的创业者有明显的优势。比如我作为投资方，如果你没有创业失败过，我不敢投给你；你要是失败过我才敢投给你。还有律师、人力资源、法律环境等，构成一个很好的创业氛围。我们可以看到在深圳和北京的中关村，也开始兴起一些类似的文化。我相信，未来武汉各个方面发展起来之后，在不远的将来，也会出现这种创业文化。

我到斯坦福大学还没有去法学院报到时，先去了斯坦福的虚拟实验室。这个是虚拟人机互动实验室，创始人杰里米 · 拜伦森（Jeremy Bailenson）博士一辈子就研究一个事情，就是虚拟现实技术。他从 22 岁就开始研究，今年 42 岁，已经研究了 20 年。中国人说“十年坐穿冷板凳”，他坐了 20 年的冷板凳，还在那里研究。我去试了试，且不说未来应用的前景如何，单就现场的体验而言，非常震撼，仿真感受的冲击很大。我现在肉眼能够看到各位，是真实的你们，但在那里，是摄像的虚拟现象，地上突然显现有地陷，好像就在一个悬崖边，我真怕掉下去，但其实就是实验室的平地。杰里米 · 拜伦森博士是 Facebook 的首席顾问。2014 年，Facebook 斥资 23 亿美元收购了从事虚拟现实技术的 Oculus Rift，这项技术已经被前沿大公司锁定了，未来如何应用我们将拭目以待。

在腾讯的美国分公司，我们请来一位世界级思想大师，图灵

▶ 陈一丹先生与 Facebook 首席顾问杰里米·拜伦森（Jeremy Bailenson）博士合影

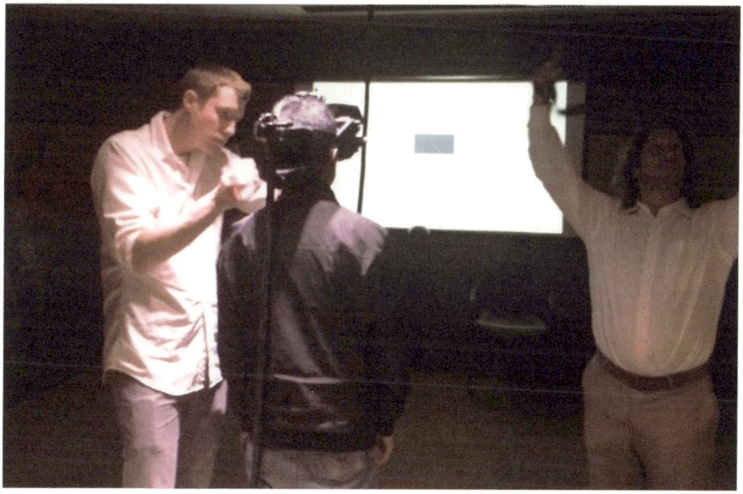

▶ 参观虚拟人机互动实验室

奖的获得者珀尔教授给我们讲数学，讲理论，讲数学的因果，谈了两个小时，非常深奥，还有一些根本听不懂。现场的“理科男”听起来也很难，随团幸好有一位研究这方面的教授，耐心作了简易的解读，我们才有了一些理解，了解到他的理论功底非常扎实。

我们还走访了一些孵化平台，如全球创新孵化机构 Nest GSV。很多有潜力的创业小公司（Startup）都放在平台里面，创造一个个实验室和创新文化，由作为孵化器的平台公司来支持和入股创业，总有一些 Startup 会闯出来。举个例子，一个初创公司 Lending Club，2007 年于旧金山成立，现在已经成为美国

▶ 朱迪亚·珀尔（Judea Pearl）教授在腾讯美国分公司作讲座

最大的 P2P 借贷平台。美国的利率是市场化的，我们的利率是由人民银行决定的，在这一点上两国现状不一样。美国的信用卡贷款比例可以高达 18%，个人无抵押贷款 15% 到 25%，然而在 P2P 平台的对应利率上只有 11%，这就是它的机会。但是如何去评估这些借款人呢？它通过做信用评分，针对小企业和个人分析定价，形成一套完整的信用体系，所以在过度消费、金融发达的美国，P2P 就成为渠道之一了。

其他还有很多研究机构，扮演不同的生态角色，串起来就是整个创业的生态。另外一个研究机构，加州伯克利大学法学院的法律科技研究中心（BCLT），专注于研究理论和未来以及法律前沿问题。这是设在学校里面的研究中心，致力于做理论和前沿的法律政策环境研究，并建立业界学者专家社群。

我们还去了未来实验室（IFTF），这是一家有 45 年历史的独立非营利性研究机构，注重可能对未来产生重大影响的最前沿科技领域的研究，用他们的话来说，就是研究处于“可能”和“未知”之间的领域。这个未来实验室是社会实验室，它是可以收费的，因为它的研究成果给企业带来了对未来趋势的判断、新产品的应用、还有各个环节的把握，可以给各行业的前沿探索指出一条实用性的路或者给予前瞻性的参考，如此就会产生商业价值。研究人员给我们演示了图像自动翻译技术，对着一份西班牙文图像一扫，马上翻译成英文。多年前他们就开始研究这个方向，现在已经在 APP 上应用了。在这里，我们还了解到一个很重要的信息：以前 80% 是产品技术创新，很少是战略创新，但现在回报最大的是战略创新。

四、“向世界出发”的第六次留学浪潮

应该说，我们比以前的人幸福。以前想要看世界的人要漂洋过海，而我们今天坐一程飞机就周行天下。如果把今天的互联网时代比喻作航海时代，我们可以出去见识了，跟世界互通了，那么即将来临的移动互联网时代则是航空时代，就是你无时无刻不在与世界联通。

林则徐是近代中国睁开眼睛看世界的第一人。我这次去纽约唐人街看到了他穿着官服的雕塑立像，华人对他很认可。林则徐提出“师夷”之说，告诉中国人应如何去看待这个世界。黄遵宪

▶ 左起：林则徐，黄遵宪，容闳

是近代中国走向世界的第一人。由于职务的关系，他去日本做过外交参赞，也做过出使大臣，还在美国旧金山做过总领事，真的走出去了。他向中国介绍日本明治维新的情况，介绍西方制度和西方主张，是晚清维新运动中的积极分子。容闳是中国民间睁眼看世界的第一人，他是中国第一名留学生，第一名“海归”，是中国留学生事业的先驱。

我这次去斯坦福，与很多中国留学生作了大量的接触和交流，有一个感觉，现在的留学生已经很不一样了。近代以来中国出现过五次留学热潮，第一次是晚清时期，以富国强兵为目标；第二次是民国初年，以实业救国为目标；第三次是国民政府时期，以科技救国为目标；第四次是中华人民共和国成立之后，以建设祖国为目标；第五次是改革开放以后，以创业立业为目标。前面三次是为了救国，后面两次是为了建设，但是有一个共同点，就是睁开眼睛看世界。

我认为，留学的第六次浪潮又来了。这一批人大多是城市的孩子，有着现代都市人的见识和视野，其父母辈都是改革开放的受益者。他们没有那么多束缚，也没有背负太大的经济负担，他们的思想更自由，因此也更加接近现代化的潮流。

我在学校里观察，同时也得到教授们的印证。根据他们的反馈，现在的中国留学生和十几年前相比，课堂内外都更加活跃，以前通常都不大爱说话，只顾埋头刻苦学习，现在已经主动融入各种活动中去了，而且还不乏各方面都优秀的佼佼者。与此同时，中国留学生的生活状况也今非昔比，已经很少有人去餐馆洗盘子，打工赚钱了，因为他们大多不用再为经济问题担忧。但是他们会去公司实习，去各种实验室实习，争取实习经验，甚至个别人已经开始与美国当地人合作运营生意了，因为只有美国人才有资格拿营业执照（Business License），而他们则从中获得创业经验。总之，当今的中国留学生，有自己的主见，有自己的兴趣，有自己的探索，主动构想着自己的未来。

五、治学:“打开”眼睛,“打开”耳朵,“打开”心灵

斯坦福的第一个学期是从夏季到深秋。当校园的树木从绿色过渡到金黄，我就开始了这段学习和研究的历程。于我而言，最大的障碍就是语言，非常痛苦，我只有慢慢去适应和习惯。因为中国的知识产权体系的核心、逻辑与美国知识产权体系颇有相通之处，我之前有这方面的基础，理论内容对于我来说相对简单。所以，我更加关心的是语言本身。

我尽量“打开”眼睛，多观察两国教学的不同。中国教学主要是面授讲解的方式，这里教学则是课堂提问的方式。教授提前一周告诉大家：请提前预习这几十页到一百页的内容。在学生完全熟悉案例的前提下，教授直接从各个角度向学生提问题，反复进行各种假设和思考，学生也随时向老师提问题。这样的互动形式，看似很轻松，如果学生没有认真准备，就会被问得哑口无

言，将是“窘窘”的压力。

斯坦福的学生其实非常用功，他们预习时几乎都在图书馆。有时候也看到一些学生白天都在玩，原来他们选择从晚上 12 点读到早上 6 点。这是另外一种勤奋状态，有别于我们说的刻苦勤奋，应该说属于一种主动的勤奋，相信他们心里都清楚要达到怎样的目标。这就是法学院的状况。我自己最大的变化是在语言方面，以前只要听到英文就自动“屏蔽”，反正有同事协助翻译，我只讨论内容，讨论完了就结束。现在，我会努力去听，从一个单词、两个单词、三个单词逐渐进步。从小，我们的英语语言应用环境就比较少，所以听力和口语较差，但多年教育下阅读还可以，因此要慢慢熟悉目前的状况。我还在努力中，起码我改变了态度，从原来耳朵“失聪”的状态改成了努力去听。我每次上课都百分百打起精神来。此时别的访问学者主要在做研究，我却主要是在“攻”语言，80% 的时间花在准备和听课上。作为访问学者，上课本来是做研究的副业，现在倒成了我的主业，“打开”耳朵成为我的当务之急。这就是我这三个月的现实状态。

“打开”眼睛，是一种单向的学习，也是一种自发的态度，当然也有兼容并蓄。“师夷长技以制夷”，这是我们国家长期落后挨打之后的一种觉醒。“打开”耳朵，则是一种自觉的实践，在与世界的互动交流中不断思考，如何在新的起跑线上与世界平等出发，一方面是增进与他国的友谊与合作，另一方面也是增加与世界交流的理解力。

今天，回到这里分享，更大的目的是希望师生们“打开”心灵，与世界坦诚交流，这是一种自主的实现、文化的对接。面对文化冲撞出现新的不同状况，如何实现文化尊重、寻求共赢？只有“打开”自己，才能自我突破。“打开”眼睛，我们看到了，“打开”耳朵，我们听到了，但更重要的是“打开”心灵，融入世界。

可以观察到，美国到现在为止，依旧是世界创新的主要策源地。日本也有很多创新，但是转化为生产力的效率远远没有美国高。然而还有一个国家在这方面很强，将创新转化为生产力的效率，全世界最高，而且远远超过了其他国家，这就是我们中国。将创新转化为生产力，这是一种能力，创新的应用和落地是我们中国的强项。美国和中国，都在不同地方发挥着创新的优势，都在推动生产力的发展。

六、特色：将社会“搬进”课堂

在校园里，我时常会发现一些很有意思的讲座，学生听讲座还可以算学分。特拉华州州长杰克·马克（Jack Markell）也来斯坦福大学讲课，他讲授的内容是科技经济（尤其是互联网经济）发展对法律带来的挑战。特拉华这个州非常特别，它的面积、人口很有限，但是有全美最友好的公司法，很多公司在这里注册。他这次演讲，着重介绍从政府的角度思考，怎么支持新科技产业的成功发展；如何避免将新商业模式强行置入旧有的法律监管框架，同时又使之能符合所在地的法律要求；鼓励设立自律评估机制；考虑公共利益的平衡；等等。州长亲自来给学生讲解，对学生了解和思考产业政策的制定，有很大的启发。

除了教授讲授日常课程，学校也请硅谷律所合伙人、科技公司的法律顾问直接在学校授课，教学与产业互动紧密。

有一次，我进入学校的模拟法庭，当时这里正进行着一次真正的诉讼程序。该法庭可容纳 100 多人，需要登记 ID 才可以进去，学生对这类活动非常重视，庭审前半小时就已经满座。公诉人和被告律师早已正襟危坐，相关人等一律按部就班，秩序井然，法官入场时全体肃静并在书记员提示下起立。这是一个死刑复核案件的庭审现场，死刑复核法官就法律问题进行许多询问，并没有涉及任何事实的争议。从双方律师对证据法规则的反复推敲和陈述，以及法官的提问上都可以看出，美国诉讼规则的高度统一和严密性。整个过程也体现了美国的法学教育和司法实践结合之紧密。庭审时长一小时，开始和结束的时间都踩得很准，毫无拖延。

学校的实验室、研究机构、社会机构的创新和产学研结合，在斯坦福已经形成气候。我很高兴获知，近期在武汉学院也成立了一个创业基地，开展产学研结合项目。希望以后各学科都大力推动产学研结合的实践和应用，让学生的学习、老师的研究和教学成果，与社会的实际应用真正互动起来。

以前我读大学的时候，学校不时会发生学生翘课和同学互帮签到的事情。在斯坦福校园里，课堂是开放式的，不点名，想来上课就来，不来也不会怎么着。在斯坦福上课是一种宝贵的资源，完全靠自觉性，学生花了那么多钱交学费来这里，错过一节课就是一次很大的损失。

我们还可以看到校园文化的另外一面，这是我在与美国的老师和学生们的日常交流中体会到的。在与美国学生交流时，会发现这些学生每个人都有自己的梦想，知道今天要干什么，明天要干什么，他们对自己的人生是有规划的。我们的毕业生，也应该不仅仅想着毕业就是就业，就业只是你人生的一部分。你整体的人生要努力自己去设想，并努力去充实它，需要规划好此时此刻应该做些什么。同样的，我们的老师也要有自己的梦想。在美国，老师请同学吃饭做客、参与社交互动都是很平等的，也很平常。对于他们而言，大多有着成为“终身教授”的理想，他们也有自己的教学追求、研究追求。美国实行教授治校，教授有很大的独立性，尤其是权威教授。拥有行政权力的美国大学的校长、院长，是服务型的校、院领导，也需要向社会筹集资金、建设平台；将学校、学院经营好，校长就会得到师生的尊重、行业的尊重和社会的尊重，他们一样有他们领导和管理的理想。

以斯坦福大学法学院为例，法学院办公楼里有一个“拉里·克雷默庭院”（Larry Kramer Patio），是上一任院长拉里·克雷默（Larry Kramer）命名的，由教师们投票通过。拉里是一位威望很高的法学院院长，卸任以后被聘为休利特基金会（Hewlett Foundation）的总裁，管理着高达87亿美元规模的慈善基金。该基金会是由惠普（HP）的创始人休利特在1966年与妻子共同创办的。休利特先生这样一位著名的企业家，年轻的时候拥有创业激情，把公司做得很大；步入中晚年之后，又把大爱付诸行动。这种取之社会、用之社会的情怀，让我从心底由衷地升起深深的敬意！对于起步时间不长的中国慈善，许多国内基金会包括腾讯基金会，虽然做出了一点成绩，也只能说初步形成了自己的特色。在宏大的国际视野里，在深厚的美国慈善文化的面前，在东西文化碰撞的震撼之下，我对拉里总裁诚恳地表示：我们还需要好好学习与取经。

七、国际视野：问路教育、问道产业、问梦未来

此时此刻，我们在武汉学院，通过现代信息的一扇窗口，可以看到整个社会，整个世界。我们是选择做“偏安一隅”的学生，满足于毕业以后有一份工作，还是选择与国内各个地方对接，与世界对接呢？其实路就在你脚下，关键是你的志向、思想以及真正的努力。我们在武汉学院里看到一些现象，真正努力的人，无论是老师还是学生，都会针对事情负责；那些只对特定的人或者是自己的面子负责的人，其实只是表面忙碌而已。我们武汉学院认可的，是真正努力的人。

所以，我们要用国际视野去看这个世界的变化。这个世界未来的变化，也是属于学生未来的变化。我们老师要培养学生，能够看到这种变化，学院也会进入一个崭新的阶段，我们要保有开放拥抱的心态。开放拥抱是什么心态呢？面对日新月异的时代变化，我们应该迎上去，拥抱它，保持一种积极求变的心态。怎么变呢？也许还不太清楚，但应做到不回避、不抗拒，以一种积极的心态，由我来“变”、我来学习的状态，投入到武汉学院的变化中。所以未来无论是学生还是老师，求变的心情如果不迫切，在下一个发展时期特别是移动互联网时期就会落伍。大学四年，不变则退，所以必须要迎头赶上。至于变化的效果，那是我们的能力问题、学习提升的问题，但是终身学习的人生态度必须要树立。在武汉学院新的发展阶段里，我们每一个人都要有主动求变的心态。

耶路撒冷有一个犹太教的圣地叫“哭墙”（Wailing Wall），是犹太民族 2000 多年的精神家园，是神圣的地方。在美国的华盛顿特区，有一个“越战纪念墙”，设计者是著名的华裔建筑师林璎女士，每年都会有数以百万计的人前来反思战争和思索生活的意义。在武汉学院，我们也建了一道让大学生任意涂鸦志向和梦想的墙，这道墙就建在新校区，在学生宿舍和教授专家区之间。我给它起了一个名字叫“志墙”（Aspiring Wall），意思就是“有志向有抱负的墙”。希望每个学年，同学们都可以在这里尽情描画自己的梦想，让“志墙”成为武汉学院新的人文风景线，走进同学们的心里，伴随着大家的成长，成为武汉学院的一道精神之墙。

世界的确是处于变化之中，也处于创新之中。我们培养的学生，一端连接着世界，一端连接着未来。那如何去连接世界、连接未来？开放的时代需要我们“打开”眼睛，“打开”耳朵，更重要的是“打开”心灵。问学校，我们学校自身如何连接信息化？在硬件大规模的投入下，我们创新实现软实力的提升，怎么去做到？前面提到的图书馆只是一个硬件，或许整个校区都仅是硬件而已，是学校发展的基础设施，然而更重要的是软件建设。我们也问产业，在国家国际化战略背景下，高科技日新月异的发展态势下，产业如何匹配大国崛起？李克强总理 1 月 4 日在深圳考察柴火创客空间，称赞其充分展示了大众创业、万众创新的活力。这不仅仅是互联网等新兴产业与传统产业的结合，而且是我们每一个人与未来的对话。我们培养什么样的学生？问未来，我们每一个人如何回应自己？过去一年我们已经看到武汉学院的努力和变化，无论是新校区的建设，转设工作的筹备，还是教学上的创新、改革，教师们整体是努力的，同学们也是朝气进取的，树立了端正的学风。然而应该看到，我们的教学管理、教师队伍的人才培养，依然有巨大的提升空间，所以我希望学院全体上下在新的一年拥抱变化、适应变化、努力提升，也祝福师生们在新年有所进步。

过两天，我就要返回美国开展第二学期的学习。我也有目标，我会有所侧重地去参与各种活动和研讨，也会花更多时间在研究课题上，春节也将在美国度过，所以我也祝福自己有所进步。

今年是农历羊年，在这里我也预先祝愿大家三“羊”开泰、“羊”眉吐气！谢谢大家。

八、互动交流

主持人：陈一丹先生跟我们说到了很多，包括在美国游学的见闻。这一切让我们感受到要创办中国最受尊敬的民办大学，就要“打开”耳朵听世界，“打开”眼睛看世界，最重要的是“打开”心灵融入世界。我相信在场的老师和同学们心中肯定有很多疑问，大家可以和陈先生来一次心灵的“碰撞”，看看能够得到什么答案。

提问：我想提的问题是关于互联网方面的。现在互联网行业发展的势头很迅猛，很多学生就业时很想投身于互联网产业中。您认为现在对于想投身互联网工作或者创业的学生来说最重要的是什么？您给他们什么建议呢？

陈一丹：互联网是未来发展的趋势，这个产业已经逐渐成熟，且与不同产业的结合都在持续发展的进程中。很明显有几种就业途径是值得我们毕业生去考虑的。一种是进入一个大的科技公司或者是一个成熟的互联网公司，去看看它是怎么运作和发展的，融进去并得到锻炼，知道产业和公司的前进步伐，这是一种选择方向。前提是你要与全国优秀的毕业生“PK”，并能够脱颖而出，得到企业的认可。

第二种选择方向：现在互联网创业不像以前一样，它有很好的大数据平台，有很好的基础设施，很多大型网络公司提供存储和应用工具，只要在这个大平台上推出一个新的产品或新的服务模式就可能创业成功。但这个行业创业竞争十分激烈，要真懂这个行业，真能找到市场需求点并有能力实现它才行。比如你做的一款应用产品刚好适合“90后”的生活状况，能满足这类人群的需求，你的产品就会有机会。我们之前举办过一个沙龙，请了很多创业的“90后”来分享。这些年轻人，他们每个人的思想和我们平时讲的艰苦创业的思想很不一样，他们依然很努力，但是机会点在于，以他们对同辈人的理解，来满足生于20世纪90年代的人的生活需求，满足包括娱乐需求、饮食需求乃至任一领域的需求，就能成功。因此你要知道自己有没有这样的状态、能力与潜力。

第三种是通用专业的毕业生的就业途径。比如学院有会计、金融或者是经贸、法律等专业，这些是任何行业都需要的专业。这个时候可以考虑是不是可以在互联网领域里扎下根来，深入理解，然后结合每个领域的发展，发挥自身专业的优势。

当然，学院也可以结合未来的发展趋势，开设更多与互联网、高科技相结合的专业，比如信息和科技领域的专业，培养创造性人才到产学研基地以及科技公司去交流、去实习、去就业。

总而言之，互联网和高科技的的确确是未来的大趋势，有无尽的产业机会、就业机会以及创业机会，就看我们能否找到适合自己的选择，当然也需要自身的努力和一些运气，以及持续学习的能力。

提问：陈一丹先生您好！我想请问，武汉学院转设以后，学校会有哪些方面的改革？改革之后学校会有什么变化？对于像我这样以学校为家，或者是很多准备以学校为家的老师来说，我们应该如何去适应这种变化？

陈一丹：今年是转设之年，一个关键的年份。这个转设的过程中凝结了很多老师的付出，尤其是十年来的积累，打下了很好的基础，才能够去迎接这个转设评审。评审的结果现在还不清楚，当然我和师生们一样期望能够顺利通过。

在这个努力的过程中，我们要感谢过去十年为此辛勤付出的老师和学生，以及我们的院领导班子，他们一步一个脚印，踏踏实实地走到了今天。基础是需要靠一辈一辈人去打的。

转设成功必将给学院带来巨大的变化，包括我自己都充满期待。学院是公益办学，从投入的角度来讲，我们希望运作更加体系化一些，不仅是个人的投入，而且是以专业教育投资的公司制来长期投入运作，甚至是让老师们都能参与进来的方式。

校董会和院领导，也会做出更多的努力，我们也会更多地与国际接轨，我是有这个愿望的。校董会如何开展工作呢？一会儿，我们可以请校领导给我们展望一下：这次校董会领导下的院务会和各位老师都做了大量筹备工作，如果转设顺利通过，学院将展开崭新的一页，校董会会如何规划？为学生和老师们展开怎样的蓝图？学生和老师们又应该如何去建设我们的武汉学院？

时任董事长：校董会在2014年整个一年中都在寻求答案。我们到了新校区或者是转设之后，武汉学院的方向在哪里？我们怎么定义，怎么定位，对学生和有志于与武汉学院一起成长、一起奋斗的老师，我们应该给他们一些什么样的答案？我们一直在寻找。而且我们也成立了相应的小组，要求一些有这样想法的员工、老师或者中层干部自己搜集大家的需求、大家的诉求，我们可能在接下来的过程中会有一些变化，“新的”武汉学院应该去“拥抱”这些老师，你既有意愿、又有想法、又有水平和武汉学院一起成长，这些老师我们是应该欢迎的；或者你有一定意愿，但是你的能力还差一点，可能职称和相应条件目前还没能随着武汉学院的发展高速发展起来，但是不要紧，我们也愿意帮助你一起一起走下去。还有第三类，是我们不愿意看到的，你既没有能力，也没有意愿与武汉学院一起走下去，武汉学院怎么能依靠你？刚才获奖老师说武汉学院成就了他个人，其实是大家成就了武汉学院，是因为我们大家的点点滴滴付出，才有了武汉学院目前高速的发展。这是一个相互了解、不断摸索的过程，但是总的方向肯定是往好的方面走，这一点是毫无疑问的。

那么，对于以武汉学院为家的人，校方能做些什么呢？我们肯定会给大家一个非常满意的答复。我们一直在想，这么多年轻老师愿意以武汉学院为家，武汉学院就应该把这个家打造得更好，为你们去考虑更多事情。我曾经在不同场合提到过，包括幼儿园、接送老师的班车、老师周转房，校方都会一一考虑，全力落实，这些是 2015 年的工作重点。2014 年要转设，首先要达到国家对我们校园、土地、教学行政用房的要求，这些硬指标达到之后，接下来就要落实老师的福利待遇，要让你们也感到满意。

真正以武汉学院为家的老师能够踏踏实实稳下心来，才能够给我们的学生带来更多更好的课堂上的精彩讲述，才能够更多去关爱我们的学生，这样才是一个“正循环”。

陈一丹：我补充一点，以武汉学院为家的青年教师们一定会把这个家建设得更好。这一批教师都是有理想、有教育使命感的老师，我们如何在软件建设方面，包括在教学管理上、在教师职业发展规划上、在教师实现成就上，将支持和服务的平台建设到一个更完善的程度，的确是需要持续探索的。让我们一起来努力，培养更好的明师，培养更好的明生，创造一个更好的明校。

提问：刚才您在演讲中提到武汉学院会有很大的变化。我想问的是在转设之后武汉学院的人事制度尤其是关于教职工的职业发展规划，职业晋级方面是否会有具体的变化？举一个例子来讲，比如专业教师有职称评定，2014 年也出台了辅导员的规定用来支持辅导员的职业晋级，但是作为行政人员在这个方面缺乏相应的渠道。未来武汉学院在这个方面是否有具体措施，让行政人员也与大家一起分享武汉学院成长的喜悦？

陈一丹：这是每一个老师都关心的问题。在求变的过程中，的的确确不是现在就有一个现成的方案供我们去执行，我希望未来的探索，包括探索方案本身都是共同参与完成的，因为共同参与之后得出来的方向才是我们武汉学院人全体的方向、共同认可的方向。因此转设以后我们应该会做更多的调研，去探讨，无论是教学还是发展的各个方面，我们都去探讨，深入地探讨，花大量时间去研究方案，这些可能涉及管理体系、教学发展以及相应的组织架构改革，都有可能。这么重要的事情，确确实实需要我们全体参与，共同探索。从不同的角度参与，得出来结果，全体上下在这个基础上去大力推行，因为那是我们武汉学院共同追求的方向，这个时候我们既是政策的不同角度的参与者，又是不同政策的推动者。因此先从这个角度做起，形成共识以后我们往前推，来创造武汉学院的明天。

主持人：谢谢陈一丹先生。在陈先生分享的过程当中，我们感触颇深，所有老师和学生都提出了自己心中的疑问，表达了对学院发展的关注与期待。在这个时刻，让我们将带着希望和祝福的掌声送给武汉学院。再次谢谢陈一丹先生。

2015 年 1 月 6 日

锐意变革　创新同行

——在2015年度“陈一丹奖教奖学金”颁奖典礼上的讲话

亲爱的老师们、同学们:

大家下午好!

很高兴来到这一年一度的相约之地，更欣喜的是看到老师们和同学们这一年取得的突破和成就。校监告诉我，为了适应转设后武汉学院更明确的发展定位，这次的奖项作了改革，教师教学的比重加大了，也增加了“教师典范”的名额;“学生领袖”从现在开始每年都会评出获奖者，以树立学生标杆的引领作用和承担作用；随着这几年武汉学院科研水平的普遍提高，延续了多年的科研奖项的标准今年起提高了，因此，我们学校科研奖的含金量将会有很大幅度的提高；令人倍感兴奋的是，我们的创校老院长，著名的民商法学家覃有土教授成为“教育功勋奖”奖项创立六年来的首位获得者，实至名归，名留校史。他是我们学校管理队伍和教师队伍的榜样楷模，所以经校董会一致审议通过，学校将覃有土老院长的油画立在新校区。有请覃有土老院长。

老师们，同学们，这次典礼是第一次在新校区里举办，新校区很漂亮；这也是转设后我第一次来与大家进行新年的分享。按以往惯例，我先简要地做一下2015年的自我回顾。

▶ 陈一丹先生赠送油画画像给首位“教育功勋奖”获得者覃有土教授

一、斯坦福访问结束

第一个要分享的是，2015 年 3 月，我完成了在斯坦福为期六个月的访问学者工作。访问学者根据科研和访问目的，在学校资源协助下自由度是很高的，主要根据自己希望达到的访问交流目的来自觉安排。本来结束后就可以轻轻松松打包回国了，但斯坦福法学院院长此时发出邀请，希望我临行前作一个演讲，介绍一下美国学生很有兴趣的中国互联网，谈谈腾讯，谈谈中国互联网，我就爽快地答应了。一来介绍的内容我熟悉，二来因为很多美国学生对中国互联网的了解大多来自媒体报道，媒体渠道的报道毕竟角度有限，有时候也会人云亦云，所以我想把我在互联网前线看到的真实的一面告诉他们。答应以后，我才发现英文的正式场合演说和对答是有难度的，准备压力升上来不少。

演讲只有两三个星期的准备时间，中间还有一个春节，我家里人为了支持我，飞过来与我过春节。我采取的策略是，先准备中文内容稿，也准备可能问答的问题的中文内容稿，再翻译成英文的表达内容。这里要感谢一下支持我的团队，他们帮助我练习发音，帮助我纠正英文语法和用错的单词。临到上场的前一刻，团队依旧觉得我的英文表达土味十足，但依然鼓励我本色发挥。这次来的人数比预期多，在演讲开始前陆续到达的嘉宾谈笑风生的时候，教授们问 Charles 哪里去了，大家都开玩笑说肯定躲起来了。是的，我还在放空，还在想问答时我听不明白怎么办，表达英文词不达意怎么办。时间已到，没法再想，就上场了。

演讲效果如何？反正该表达的表达了，也尽力了。其实现场美国的听众非常友善，他们主要是关注我讲的内容，也理解和包容一个母语不是英语的人讲的英语。特别是斯坦福的中国留学生和中国访问学者，他们比我还高兴。通过这一次英文演讲，我也发现自己的弱项太明显，回国后直到现在我还保持有学习英语的环境，继续学习英语，希望下次有所提高。

▶ 陈一丹先生在斯坦福大学作演讲

二、英伦见闻

第二个我想分享的是，2015 年 7 月，我与孩子们去了一趟英国，在此期间也专门走访了几所知名的英国大学。首站是位于伦敦市区的帝国理工学院。英国教育界素有“三足鼎立”的说法，文科的牛津，理科的剑桥，而工科的就是帝国理工学院。时至今日，帝国理工学院的校友中，已有 16 位诺贝尔奖获得者。有意思的是，武汉学院于 2015 年转设独立了，学校体制发展也和帝国理工学院有相似的路径。帝国理工曾是联邦大学伦敦大学的一个加盟学院，1907 年创立，2007 年 7 月在英国女王伊丽莎白二世的授权下，正式脱离伦敦大学成为一所独立的大学。也就是说它的转设，经过了整整 100 年的历程。它在英国教育界的地位，如同麻省理工学院在美国的地位，不同的是一家公立、一家私立。无论公立还是私立，都可以很成功。

我们知道，在 2015 年 10 月，中国国家主席习近平偕夫人彭丽媛到英国进行国事访问，也专门到帝国理工学院参观了大数据和医疗机器人领域的实验室研究。帝国理工学院也开展了一系列与中国高校的国际合作，包括中国学者国际交流、国际交流科研、创设跨国创业中心等。

英国皇家音乐厅与帝国理工学院的校区仅一街之隔，常被帝国理工借用来举行毕业典礼。

▶ 英国皇家音乐厅

有意思的事情又来了，2014年，美国理工名校理海大学（Lehigh University）的校长爱丽丝·加斯特（Alice P. Gast）接受帝国理工学院邀请，成为这所古老学院的女校长。我们新起步的武汉学院，去年也迎来了一位女校监，给学校带来了清新的风气。

▶ 帝国理工学院

我们经过11号高速公路前往剑桥大学。剑桥是英国第二“古老”的大学，1209年创立，有超过800年的校龄。以往想到剑桥，第一印象就是充满诗意。剑桥周围是乡镇，安然而恬静。还有诗人徐志摩的一首《再别康桥》，撩拨了几代中国人的心曲。我和孩子们坐着小船，徜徉在康河上，穿过一座座河桥，念着这首诗：

轻轻的我走了，
正如我轻轻的来；
我轻轻的招手，
作别西天的云彩。
……

剑桥大学在医学、理科领域尤其出类拔萃，拥有90位诺贝尔奖获得者。剑桥全校有31个学院，学生上课在系所，生活、起居、体育等全在学院。每一个学院都有自己的教堂、课室、食堂以及自己的旗帜、校服。学生毕业后，归属感都在学院，基本与大学的系所无关。

最难进的是三一学院，牛顿是其校友。苹果树的大概位置还在，但下页图中的应该是重新种的一棵苹果树。

▶ 剑桥大学

▶ 剑桥大学三一学院

我们去牛津大学的那一天正好下着大雨。牛津培养了 26 位英国首相和多位国家政治领袖，被称为“政治家的摇篮”。和“孤零零”的剑桥大学不同，牛津大学的周围早期是工业区，后来发展成为第三产业区，牛津大学也随着产业的发展与城市深度融合。中午，我和孩子们在这里的中餐馆喝了广式的早茶，吃了地道的中国菜。

牛津大学创立于 1167 年，是英语世界历史最悠久的大学，含 38 个学院，其中基督教堂学院最为出名，它还是电影《哈利 · 波特》的取景地。

▶ 牛津大学及其周边环境

▶ 牛津大学基督教堂学院

在英国期间，我与家人还到英国的市区和乡村的一些地方看了看，包括莎士比亚故居、大英博物馆、英国皇室传统的宫殿等。其中在温莎古堡看到的一幕，引发了我浓厚的兴趣。大家知道，英国是君主立宪制国家，王室传统久远。英国王室设有荣誉制度，主要有封爵制度和授勋制度，奖励那些为英国作出过贡献的人士。荣誉勋章名为“骑士勋章”，又按不同的贡献或地域，分为不同的勋章。其中规格最高的几种勋章，每一种授予的人数都有限定，像“嘉德勋章”只能授予 24 人，“蓟花勋章”只能授予 16 人，“圣帕特里克勋章”只能授予 22 人。历史上曾有人拒绝接受颁授的勋章，也有人得到勋章后又被褫夺勋章荣誉。温莎古堡的墙上、天花板上都挂着历史上曾经颁发过的勋章，带有不同编号和勋章图案。个别带数字的空白勋章，是由于各种原因被褫夺荣誉称号的人的勋章。英国的荣誉授勋制度，是给予对英国国家有贡献的社会人士精神与荣誉的褒奖和肯定的制度。我在网上了解到，国际上有些大学也有荣誉授勋的制度，对为大学发展作出贡献的社会人士予以褒奖和肯定。那我们武汉学院这所定位国际化的应用型专业大学，以公益办学为宗旨，更需要财力、知识等各种社会资源。我们能否也设立独有特色的荣誉嘉奖制度，以褒奖、肯定与感谢对我们这所民办高校有贡献的社会人士呢？

三、与 95 岁老人的相遇

第三个想与大家分享的，是我和太太与一位 95 岁老人的相遇。玛莉亚 · 葛茉莉（Maria Gomori），是中国国际萨提亚学院名誉顾问，享誉全球的家庭治疗大师。有人评价她说："90 余年的人生淬炼，Maria 遭遇过两次世界大战，经历过无数悲欢离合，走过人生旅途的高峰与低谷，她依旧活泼、硬朗、精力充沛。""她让人看到活泼的生命力，看到生命的光彩。" Maria 有一句话说得特别好：每个人都有机会做回自己。

萨提亚模式是一套创始于美国，影响全世界的家庭心理治疗理论体系。萨提亚模式认为，一个人和他的原生家庭有着千丝万缕的联系，而这种联系有可能影响人的一生。该模式以人类成长的方式看待问题，以原生家庭出发来看待问题，所以它的方法兼具治疗性与成长性。90 多岁高龄的 Maria，依然奔走在世界各地的萨提亚工作坊，帮助那些需要帮助的人。2015 年 3 月，我与太太一起参与了 Maria 在香港工作坊的一个活动。活动中我感受到了 Maria 完全出于同理仁慈的一片爱心，她以深厚的专业功底，行之有效地帮助不同的人。她的两本著作《心灵的淬炼》《爱与自由》都有中文版，非常值得一读。

无论是上面提到的萨提亚模式，还是现在在发达国家青少年成长和教育体系里越来越普及的“正向教育”，都属于心理学范畴。心理学对一个人的成长是很重要的，在家庭教育、学校教育、社会教育中，都是必不可少的组成部分。以追求人生幸福感

▸ 与 95 岁老人的相遇

为目的的“正向教育”为例，“正向教育”已经进入多国中小学、大学，成为学校自愿参与或法定参与的项目，美国、澳大利亚等国家以及中国香港地区在这方面比较领先，许多学校已将“正向教育”融入学校的课程和活动中。我们武汉学院的大学生，在学院中成长的这几年里，心理教育和心理建设是不可或缺的一环。很高兴看到，武汉学院依照全人发展理念推行成果导向型教育，包含了心理学这一重要概念。校监告诉我，在 2016 年 3 月即将开学的下一个学期，武汉学院实施通识教育，将会新增“心理学和生活”课程。

四、对引领者的感谢与期望

我们看武汉学院，一定要看它的历史、现在和未来。我们感谢覃有土老院长和他带领的管理团队，在过去 12 年里引领着武汉学院，从创立到发展，一直到转设成为独立的民办本科高校。下图中的场景每次看到我都很感动，我们把这个场景用油画的形式定格下来。他的学人精神和人格魅力，是武汉学院的宝贵财富。

2015 年是武汉学院大突破的一年，也是武汉学院树立里程碑的一年。那我们现在跨入 2016 年了，2016 年就是新的起点、就是新的征程。

短时期内，我们可以看到一个新的校董会和承载新老交替的校监团队，在学校的建设和管理上不遗余力地持续建设。校监团队提出的全新理念和精神风貌，也在逐渐取得突破。我们学校是一所公益性的民办高校，校董会与校监团队是理念、目标、学院发展长期声誉和利益一致的组织架构，是有效和更有张力的组织架构和组织关系。包括我在内，校董会与校监团队的核心成员，未来都会不断夯实这一核心组织架构，吸引外部有志的教育管理者，内部逐步培养有能力的教育管理者，参照国际性大学组织架构的有效运作模式，持续建设和不断完善我们这所民办高校的核心组织架构。

新的起点，我们有更高的期望：期望我们的引领者，抓住时代的机遇，抓住国内教育和国际教育的转型期，锐意变革，大胆

▶ 覃有土院长

创新，务实进取，以“十年磨一剑”的态度长期规划，又以每年取得实质突破的扎实功底进行建设，带领学校全力推行与建设国际化应用型大学，奔向建成“最受尊敬的民办大学”这一全校师生的共同愿景。

新的起点，我们这样看待目前与未来的关系：成功转设后，就像车子从普通路驶入了高速路，就像轮船从海湾驶入了汪洋大海，一定会遇到新的问题，新的挑战，相应地也会树立新的目标。

全院教师队伍的心态、能力和风气，全院学生对校园文化的深入建设和自豪感，都影响着学院变革的有效落地，需要我们共同参与、时刻关注。提升管理，带领团队，有效教导团队，鼓励直接沟通氛围和结果导向的问责制度，积极推行理念的有效落地，提高落地实施效率，是2016年的内部工作重点。

五、对建设者的感谢与期望

过去的一年，是我们学校成功转设的一年。我们看到，为了转设成功积极奉献的团队，积极筹备着各种达标的教学和科研材料；我们看到，为了转设成功、建设新校园和配套新校区加班加点的团队；我们看到，为了转设成功坚守岗位抓好本职的教学、教学职能服务、科研、学生辅导工作的团队。转设后，我们看到积极迎接挑战的本土团队，融入到新的发展模式中来；我们看到投身湖北和国内教育的外部团队，克服文化的差异，以专业的精神和有效的成果取得大家的认可；我们也看到，我们可爱的学生，无论是“老生”还是“崭新”的转设后第一届学生，都以武汉学院为荣，与武汉学院同呼吸、共命运。你们都是武汉学院的建设者、拥有者和推动者。在这里请允许我向你们致以崇高的敬意，感谢你们！

2015年是转设后的第一年，平心而论，除了新入学的学生，其他师生在过渡期是需要自我适应和调整的。而这些调适在学校这个大集体里又会影响到全体师生。这一年的调适总体来说是成功的，除了因为我们有强而有力的核心组织架构——校董会和校监管理团队、高素质的师生队伍以外，还因为我们师生有着共同的理念。我们看到，很多老同志高风亮节的大局观；我们看到，很多年轻人在模糊区、改革区勇于挑担，勇于承担，迎难而上，想了很多办法。他们一直在操心，学校的某块工作就不用操心；他们一直在操心，学校的某块功能就不用操心；操心的队伍越来越大，武汉学院就不操心。这种操心，是职责、是担当、是勇气，也是成长、是成就、是满足。

操心的人们，你们是武汉学院的脊梁！我对你们抱有殷切的期望：

1. 武汉学院的未来是你们的，希望你们本着对武汉学院发展的热爱和信心，大胆地做好工作。

2. 遇到问题，对个人而言无非两种，一种是自己能力上的问题，这个还好办，和自己比，不断进步，勤奋努力，学校也有长期培养和培训的计划，工作就是最好的培训，在工作中成长。第二种是个人判断和心态问题，无论遇到外部客观的问题，还是复杂的人事问题，先回归自己。无论是决策者还是执行者，都会面临端正和调整心态的问题。在腾讯的发展过程中，我自己的经验是，各种问题来了，最终哪种方式对腾讯整体利益好，就按哪种方式来。无论是自己的问题还是外部来的信息，面临各种内外关系，面临各种内外矛盾，最后都按这个原则来。也许做出对的选择后会面临更令人煎熬的挑战，也许做出对的选择后有人会说你笨，但是我的经验告诉我，请选择“正直”吧，心安理得，无怨无悔，影响深远，也是最好的。

3．不断学习，不以自己的步骤和“舒适区”为准，而以武汉学院发展的步伐为准，大力提升自己，大力提高专业度，让自己成为推动武汉学院发展的主力军。

4．开放地交流、包容地成长。武汉学院是一个大家庭、大学校，我们互相支持，真诚以对。

六、对同行者的感谢与期望

2015 年 12 月，武汉学院首批 3100 余名学生顺利搬迁至大学城校区。新校区，新环境，新气象，全体师生以饱满的精神，昂扬的斗志，开启新的征程，迎接武汉学院新的腾飞。值得一提的是，去年腾讯“众创空间”在武汉学院正式落成。我希望看到我们的学生有机会参与到校企合作、“众创空间”、社会交流、国际交流中，让学生在实践过程中体验创新的企业，在交流中开拓自己的视野，为他们未来就业或创业、各种发展做好准备。未来在校企合作和国际交流方面，我们还会继续把握机遇，继续发力。

然而不必讳言，我们也看到在变革中有不适应的现象，有一些无所适从者，也有一些观望者。我想，对未来抱有不确定性的这种自然反应，也是人之常情。我们应该关心他们，提供帮助，多些信息交流，激发原动力，并辅以有效的激励制度。新的一年里，同行者，我们一起奋进。

对于同行者，我提两个期望：一是精诚为校，二是共建未来。武汉学院是一场创业，也是一份事业。精诚为校，就是要求拿出专业本事来，以创业之心，融入集体的事业。共建未来，就是大家一条心，一起翻山过河，攀登创新教育的高峰。

不可避免的，无论是理念抑或能力抑或价值观的原因，会有一些人无法与武汉学院共同前行，我们也要感谢他们曾经的付出。

七、不负学子，不负教师

去年举办了我们转设后的第一届毕业典礼。与此同时，我们也迎来了转设后的第一批新生。迎新营，是 2015 年新生全人教育体验的开始。

一批批学生毕业了，又一批批新的学生进来了。作为一所大学，我们再次明确我们的使命：培养教师为智慧通达的明师，教育学生为自立明德的明生，师生矢志创建的是受社会尊敬的明校。在“明师、明生、明校”使命之下，全新起航的武汉学院，会不断探索面向未来的思路或模式。和大家持续分享这么多个人的游学经历，事实上也是希望我、学校董事会、学校管理层，包括一些教师和学生，都去触摸世界教育的“脉搏”，学习创新教育理念，考察先进教育实践的阶段性探索。我们将会越来越明确，对教育事业矢志不渝的我们，要做的事情有很多很多。全人发展教育的理念是一种先进的教育理念，在全球范围内有很多的探索和共鸣。我们希望，在校董会的支持下，在校监团队的带领下，在众多师生的合力推动下，实现我们“明德创新，解行并进”的校训，让全人发展教育的理念在武汉学院开花结果，不负一批批莘莘学子，也不负一代代教师们自身的事业与理想。

最后，我送一副对联给在座的师生们。“辞三羊开泰岁”，2015 年我们树立了成功转设的里程碑；2016 年是“迎金猴维新年”。最出名的猴子是谁？对，齐天大圣。打破常规，勇于创新，齐天大圣是也。然而武汉学院的变革，不仅需要勇气，更需要智慧。让我们共同打造属于你、我、大家的武汉学院，主动维新，融和凝聚，共同踏上武汉学院新的征程。

祝全体师生新年进步，身体健康，万事如意！

▶ 武汉学院转设后的第一批新生参加迎新营

八、互动交流

主持人：接下来是我们的互动时间，有请校监一起登台。

校监：非常感谢陈一丹先生刚才精彩的分享。我个人的感受是，他游学的经验对我、对武汉学院都非常重要，是为学校未来国际化的道路指路。现在把宝贵的时间开放给各位同学、老师，欢迎你们分享自己的感受，也可以向陈先生提问。

提问：我想问陈先生一个问题，您在斯坦福大学演讲，觉得斯坦福大学的学生跟中国的学生来比，优点和缺点在什么地方？

陈一丹：各自有各自的特点。因为斯坦福在全世界来说是名校，是研究型的大学，它本身在全球招生的起点非常高，也倾向于招纳来自世界各地的学生，它相信多元化能够带来创新和动力。所以可能你会发现这里有来自非洲、亚洲、美洲、欧洲不同国家的学生，我和那些学生交流，他们觉得非常开心。一个宿舍里面有不同国家的学生，那就会听到各个不同国家的经历，学生与学生之间的互动本身有不同，在教学体系上跟校企合作非常紧密，因为最开始的硅谷就是从斯坦福开始的。所有的社会精英人士都可以在学校里面授课，因此我会看到它是一个开放的学校，跟社会接轨的学校，开放的教育体系自然会产生思维开放的学生。其实我们中国的教育从某些方面来讲也是非常成功的，因为中国人的特点是勤奋，专注做好一件事，所以培养出来的专业从事者会特别多，特别是在海外，你会发现这种情况比较明显。然而随着社会发展，实现综合性的发展、综合素质的提高以及树立整体的理念后再跟专业去匹配，已经成为一种整体的方向，因此无论是中国还是西方都会在这个问题上去探究人如何更好地发展。我们知道大学的教育，到现在为止都是基于第二次工业革命所产生的结果，培养出来的人能够满足社会工业的要求，因为满足了就业的要求，就有经济基础再去探索他个人的幸福；但是在未来的信息时代，会慢慢过渡到整体的素质和本身的追求，而人类迎来了新世纪，也会有这个能力和平台去探索自己的需求，当然也会去面对、去解决世界上的问题。因此对你我来讲，我是 20 多年前的大学生，你是现在的大学生，你 25 年后面对的世界又是另外一番景象了。你的资本是什么，你的能力是什么，有时候在专业和通识上都要去匹配，最后自己做一个选择。所以我觉得武汉学院后续也是一个动态的探索状态，大家来建设，我们一起成长。

校监：我希望代表各位老师和同学们说几句话。刚才陈一丹先生的讲话对我有几点启发。第一，陈先生跟我有一些不一样，他去了斯坦福大学演讲，他不是一个在英语环境中成长的人，却要用英语来演讲，那我也不是在普通话的环境下成长的，所以我跟陈先生的恐惧感刚好反过来。今天和学生们跟陈一丹先生吃午饭的时候，我要求了学生一点，刚好是我们刚才谈到的国际化的话题。刚才陈先生说，尽管他有一点恐惧，但是他全力以赴，不去过多地担心有问题，而是勇敢地面对；我们的学生们、老师们，你们大部分人都对英语有一点恐惧，甚至说我可以应试，我“四级”“六级”可以考过，但是如果要口语表达的话，都有一点不太自然的感觉。那现在我问所有老师和同学们，有没有受到陈一丹先生刚才的分享的启发，我们武汉学院未来可不可以所有的老师、学生都朝着这个方向达到我们国际化的梦想？同意的给我一点掌声。我希望陈先生跟我有同感，最重要的就是我们的未来，国际化是我非常关注的，也是陈先生刚才分享的很重要的一个点。

提问：陈先生你好。我想问一个问题，对于当代大学生，是多读一点书有用，还是多出去见识并与人交流比较有用？

陈一丹：都有用。因为随着自己的知识面的变化，我们每个人每天都会面临选择，包括今天中午跟学生在聊，我到底是跟人交往多一些还是参加活动多一些，还是出去旅游多一些；这个学校有 12 个社团，我参加哪一个社团，其实大家都会面临选择。其实有时候就遵照自己的内心，做决定就做决定了，没有什么错与对。你刚才说读书好不好，读书肯定好，读书之后你就出去见识一下，选择时机，将读书与出去见识有效融合在一起，它们不是“黑”和“白”，不是“0”和“1”，它们就是融合在一起的。上午喝一杯茶，下午不喝茶吃个水果，就是这样一个人生。所以读书不妨碍你出去交流，这就是大学生活。在我人生回忆里面，这种不清楚、朦朦胧胧的感觉很棒，就像爱情一样很美好的，就是这种感觉，珍惜这种感觉，享受你的大学四年生活吧。

提问：校监好，陈先生好。刚刚陈先生有提到，我们都是在为武汉学院操心的人，我觉得我们也是第一批接受改革的人。我们其实内心有很多话想说，平常也很想和老师沟通，当我们有意见或者想去沟通、想去为这个学校操心的时候，我们有什么方法或者渠道向上面反映或者去沟通？我们也想为武汉学院的建设出我们自己的一份力，谢谢。

陈一丹： 非常感谢这一位同学，也非常感谢很多的老师，因为新的变革会遇到很多问题，这些问题出现以后，新的目标就是解决这些问题，这是很正常的。刚才说的，就像大船驶入了汪洋大海，你光顾着看风景美，但是当一个大浪打过来你自己都没遇到过，你这个时候怪谁？怪船长还是怪瞭望员，还是怪拉缆绳的船员，怪来怪去船沉了，通通都不用怪了。这种情况就是要鼓励大家共同来思考、共同来学习。同舟共济，这个理念一定要树立。在你身上我看到了很多学生和老师都有的这份心，但是怎么做？这又是一个问题。我可能给不了你确切的答案，但我想校监团队、管理团队可以去设计一些通路，鼓励这种大家来给建议的文化，提的好咱们就采纳，你给的建议就是给新学校、新岗位的贡献。怎么给建议，怎么开渠道，这个都可以来规划，而且不一定非要通过某个固定的渠道。我相信有一些通常的渠道学校是会建立的，但是我想建立渠道本身和做一件具体事情本身还并不是我们去追求的，而是营造一种鼓励大家提建议的氛围，一起来建设的氛围。所以你也关心，我也关心，校监团队一定会建好的，校董会会建好的，这种渠道有很多很好的，互联网就是其中一个。

校监： 我答应你、承诺你，我们校监管理委员会的团队包括所有老师，我们会建立起一个忠实咨询的制度，定期和学生们交流，听取你们的意见。最要紧的就是沟通，我们也在了解你们“90后”的想法，还有你们也可以向我们管理团队学习，校监管理委员会有一些经验也可以跟你们分享；另外在美丽的校园里面，我希望也有最忠实的一些渠道，刚才我们和学生代表都已经沟通了，比如说班长还有一些代表建立微信群，用新的媒体建立渠道。还有我们要充分利用这个美丽的校园，我已经去过你们的宿舍里面，女生也好、男生也好，我希望有更多机会跟你们交流；现在天气比较冷了，等天气好起来了，我就会常在校园内走走，你们可以过来跟我交谈，也可以一起喝喝咖啡、喝喝茶。我们校园现在太美了，有一些很好的餐厅，所以非常感谢陈先生的资助，还有校董会成员非常努力，坚持设计这些国际化的一流建筑。我们承诺一定要建起一流的学习环境，跟学生们一起来实现未来武汉学院成为“最受尊敬民办大学”的愿景。

提问：非常感谢有这样一个机会向我们尊敬的陈一丹先生提问。连续好几年，每一年我们都有机会与陈一丹先生一起分享交流，每一次交流让我都有非常真切的感受，感觉到您是真心要办好教育，让我们特别敬佩。您在刚才的交流里面分享到您和95岁的心理学专家会面以后，她说每一个人都有机会做回自己，这句话让我想到我们有很多学生，比较胆小、胆怯，他们为了做乖乖的孩子，对父母是比较顺从的，甚至是比较隐忍的，他们在寻找自己的路方面是比较困难的，我想我们每一个人都有需要认识自我、需要自己成长、需要突破的经历。我想问的是您作为一个成功的人士、成功的教育家，您肯定有找回自我的道路，您能够跟我们分享一下您的成功经历吗？

陈一丹：我想这样来回答这个问题。其实每一个人都有不同的价值观，也来自不同的家庭，对人生的追求也不一样，但总体都是希望自己幸福、快乐、满足，甚至在某种程度上再超越，能够对社会有贡献。能够实现自己的价值，有幸福的家庭，我们每一个人，都会有这种愿望和追求。在这个过程中，我们不是孤立的人，我们是跟社会在一起的人，这一点很重要。因为你在家庭里面，会得到家庭的一股力量，你在学校里面与朋友相处的点点滴滴也会带给你力量，一点点累积起来，力量是很大的。在座很多学生已经跨过青春期了，其实处于青春期的学生更茫然，还会故意跟父母产生冲突来寻找自我，这都很正常。但是来到大学之后，我们不能再简单地说我们要往哪个方向去。每个人都有权利探索自己，这本身就是一种很大的自由，大家都拥有这种自由。我们自己去探索的过程中，可以看到有些专业的知识还是很重要的，比如说心理学，我自己的孩子很小就开始接受“正向教育”，还是很有作用的。这些工具本身是专业的东西，但是这样的工具能帮助到你，就像我们学习知识一样帮助你。当下这个信息社会，很多东西都是公开的，你自己的原动力是更重要的。所以尊重自己的个性，珍惜你现在周围的资源，要用自己的资源去跟社会联动，要去探索，探索的过程会慢慢丰富、改变甚至完善你自己。我自己的经验，一是生活的体验很重要，无论是工作、学习，你做什么其实都已经是在体验。工作上的困难很多很复杂，进、退、遮、挡，都要做出选择。人生就是这样，冲上去，挺住，好辛苦，几乎熬都熬不过。但最终熬过了，就又是一大步提升。这其实是我最大的感悟。二是专业的指导很重要。很多经典书籍包括了前人的经验和知识，会像一盏灯一样帮助你前行。探索自我，不就是一个美好的过程吗？最后每个人去到不同的彼岸，他们追求的彼岸，那不是很幸福吗？愿大家都幸福。

提问：如果一件事，你认为对将来最有益、最有好处，但你采取的解决方法可能会对将来产生很大影响，这时候该怎么样去决策？怎样判断应不应该去做？

陈一丹：凭你的心，它会带你去选择。你用心去做决定，用你的诚恳去选择，它就会引领你选择一个非常好的决定，在人生中这就是一个答案。按你的心去选择，或者顺应情感，或者凭借理性，或者平衡理性和情感双重因素，作为你选择的一个根基。

提问：怎样去平衡？

陈一丹：最要紧的就是从自己的感觉出发。要为自己的选择找一个平衡点，这是没有规律可循的。不论从实际还是情感上，内心告诉你该怎样去选择，就是最好的选择。你要承担这个选择。

提问：明天、后天考试后，一学期的学习生活就结束了，基本上就回家过年了。陈老师作为一个企业管理者，每年也会做一个企业的总结。我们学校去年开创了很多首创，是进入全人发展教育的第一年。两位老师属于学校领导人物，对全局发展有很好的了解，我想问一下，关于学校新的学习教学方式、全人发展教育在这个学期的试点，你们有哪些较大的收获？至少在我身边感觉不是那么深刻，希望来年加大一下力度。

陈一丹：我非常感谢这位老师，这位老师非常真诚。哦？是学生呀，你提问的水平很像老师。他问的问题非常真诚，也非常实际，我们就要面对。你刚才提到这样一个概念，或者是迎新营包含了全人发展教育的意思，或者一些活动有所涉及，但是这个概念包含了什么、具体体现什么，可能在一些师生的印象里，还不是很清楚。说句老实话，这就是现状，你讲得很对，所以你很真诚。2015 年大家接触了全人发展教育理念，开始对这个理念有一个概念和初步的印象，也感受到一些现象的持续变化，但是接下来我们一定要带领团队，建设团队，使全人发展教育的理念有效落地。在校董会的支持下，在校监团队和整个学校的整体体系上都要去探索，因为这个理念是变动的，落实起来也可以有多种方法，不是说我现在有一个“灵丹妙药”可以包治百病。可能校监的脑袋里面有很多很好的“idea”，但是如何落实、怎么开展都是动态的。无论怎么变动，船已经驶向了大海，你就等着收获大海的美景吧！

校监：在通识教育 15 级中，我们已经组织一部分学生学习了“心理学和生活”课程，我们还会在第二学期加大力度。考核形式上我们也不全都采用期末考试的形式，还有演讲等其他形式。早上我们有晨读，还有一些同学会在6点半就开始晨跑。陈先生说我们一步一步来落实全人发展教育理念，大一的同学们你们在迎新营的感受还可以吗？有没有体验过自我认知、自我管理？这些就是体验。那我承诺，我们现在马上要建起来我们学校的电邮系统WHXY，我们每一个学生和老师都有一个电邮地址，我们用电邮、微信也好，所有新的教学方法也好，教学评估也好，学生全人发展也好，所有的就业信息我们都承诺会跟你们来同步。谢谢。现在，全体老师们和学生们，让我们感谢陈一丹先生刚才做的精彩的演讲，以及所有启发我们的问答。谢谢！

主持人：感谢两位精彩的分享。今天我们共同见证了2015年度“陈一丹奖教奖学金”颁奖盛典。现在我宣布，2015年度“陈一丹奖教奖学金”颁奖盛典圆满结束！

2016年1月6日

心中有这个世界

——在 2016 年度“陈一丹奖教奖学金”颁奖典礼上的讲话

亲爱的老师们、同学们:

大家好!

很高兴再次和各位老师、各位同学相聚，这是每年一度我们相聚的日子。

今天外面的天气很冷，我知道几乎每一个在武汉上大学的学生一定都抱怨过武汉的天气。“夏季来看海，冬天冻成狗。”武汉虽然是南方，热起来是“四大火炉”之一，可冬天没有集中供暖，冷起来那简直是魔法攻击。在武汉上学的大学生出去竞争力是比较强的，特别聪明还特别能吃苦，适应性强。是不是从大学这几年“水深火热”的“hard”模式中锻炼出来的？今天感谢大家的到来，你们让这个屋子变得很温暖。

大家知道，深圳、香港四季轮回不是很明显，除了商场的圣诞树之外，比较难感受到冬季或者年末的概念，日子不知不觉就溜走了。可每年一过 11 月，我心里就开始有挂念，我要回到武汉学院，跟老师们、同学们聊聊这一年的游历与感悟。尤其是 2013 年后，我把精力集中在公益和教育上，走访的地方、拜访的人也越来越多，想分享的有意思的事也就更多了。

一、北极之行：遇见冰川，遇见自己

我先不说去了哪里。有没有同学认出下图中的线是什么线？

这是在芬兰圣诞老人村拍的北极圈线，跨过这条线就进入北极圈了。全世界有好几个圣诞老人村，但芬兰罗瓦涅米的这座圣诞老人村游客最多，最为世人所熟知。罗瓦涅米的圣诞老人村之所以吸引游客，一个重要因素就是这里刚好跨越北极圈。在这里冬季有极夜，可以看到极光。我到达这里的时间是 6 月下旬，夏

▶ 芬兰圣诞老人村的北极圈线

季这段时间正处于极昼，太阳是不落山的。

下图是挪威特罗姆瑟港（Tromso）的全景照片，我特地爬到山上拍了一张。这个城市很小，只有八万人口，但很漂亮，在19世纪就有“北方巴黎”的称号。这里有一个极地博物馆，还有一所世界上最靠近北端的大学——挪威北极圈大学。这所学校是一所国际化大学，在挪威各地也有分校，在校学生15000人左右，来自全球各地的国际学生占10%。该校比较出名的特色专业有极地领域研究专业、和平与冲突转化专业、远程医疗和电子保健专业等。特罗姆瑟港是北极圈内最大的城市，也是很多极地探险队出发的地方。我们就是从这里启程，驶向北极。

▶ 挪威特罗姆瑟港全景照片

▶ 极地博物馆（左图）挪威北极圈大学（右图）

乘船一路北上，慢慢就可以看到冰川了。大块的冰川漂浮在海面上，散发出蓝色的光芒，非常美，而散碎的浮冰是白色的。

下图是海面上的浮冰。浮冰的出现，夏季冰层自然融化是一个原因，另外也受到全球气候变化的影响。全球是否变暖在学术界可能还存在一些争议，但从在北极观测到的数据来看，冰川的确是在加速融化。《经济学人》杂志 2016 年 11 月刊登了一组最新数据并称“Sea ice reaches a new low”。北极 2016 年 9 月的海冰面积比 1980 年同期减少了 300 万平方公里以上，2016 年 11 月北冰洋的海冰面积比历史均值少 200 万平方公里。

进入北极圈后，我们从南到北，一路拍了很多冰川、浮冰的照片。当你看到这些冰川、当你看着星空，确实会感觉内心非常宁静，因为跟这些事物相比，一切都是暂时和渺小的。同时我也在思考，这些冰川意味着什么？我们能够或者需要做点什么？

▶ 海面上的浮冰

我拍到很多关于动物的照片。极地草原盛开着紫色的花，北极狐就在上面悠闲地觅食。下图中是夏天的北极狐，它到冬天皮毛是白色的。北极狐很温顺，但要注意，不能去摸它，也不能喂食。北极狐跑起来的样子非常动感、美丽。

▶ 夏天的北极狐

北极苔原上有众多显花植物顽强生存，它们会在夏季 3—4 个月时间内完成低纬度植物要历经半年的开花结籽周期。下图中左边那一大片是紫花虎耳草，也叫挪威虎耳草；右边的黄色小花名字很好听，叫仙女木，这是北极圈内非常著名的植物。北极苔原上还有花型像小吊钟的四棱岩须，别名是北极石楠花，以及北极罂粟、雪毛茛等。极地的这些小花，为了在严寒中绽放，花瓣就像反光镜一样聚拢，尽可能多地“采集”阳光。这些花都缩得很小，但你还是能够感受到那种浓烈的、倔强的生命色彩。

▶ 由左至右：紫花虎耳草，仙女木

我还拍到不少鸟类照片。可能大家不知道，北半球的鸟类有六分之一在北极圈繁衍后代，至少有 12 种鸟在北极地区越冬。这里的鸟类地处严寒，生命力却如此旺盛，让人惊叹。

下图中岩石上的鸟是厚嘴海鸦，俗称“北极的企鹅”，它跟企鹅一样善于潜水，走起路来一样显得有些笨拙。我去的时候，正值它们的繁殖季节，厚嘴海鸦密集地生活在悬崖峭壁上。它们繁殖所需的领地是所有鸟类中最小的，每只鸟只需要不到一平方英尺的空间，这从图片上它们密密麻麻的样子也可以看出来。尽管它们一窝只孵一只蛋，却仍是北半球数量最多的海鸟之一。

▶ 厚嘴海鸦

下图中是一只站在浮冰上觅食的鸟。在北极圈内旅行，关于鸟有不少注意事项，比如见到海鸥你不能把手举起来，否则它就有可能冲到你头上去啄你、攻击你，甚至把鸟粪拉到你头上。在极地行走，最危险的是遇到冰层断裂。判断冰川是否坚实，除了听声音，还可以从鸟的密集程度来判断，越靠近冰川断裂处，鸟就越密集。这次我们看到了不少极地海鸟，有不同品种的海鸥、海鸦、海鸠、海雀，还有一种美丽可爱的北极海鹦——Puffin，长着大大的彩色鸟喙。

▶ 在浮冰上觅食的鸟

北极燕鸥，被尊称为北极的“神物”，也可以说是“鸟中之王”，每年经历两个夏季，从北极附近的繁殖区南迁至南极洲附近的海洋，之后再北迁回繁殖区，全部行程达 40000 多公里，是鸟类中的“飞行冠军”，在我们国内也能观察到它们。北极燕鸥是已知动物中迁徙路线最长的一种鸟。看了它们的迁徙图，从北极到南极，会不会觉得我们的春运也没那么困难了？

下图是 2016 年 6 月 26 日拍到的鲸鱼，这是驼背鲸，资料说其身长可达 15 米。

▶ 驼背鲸

很幸运，我还拍到了北极熊。拍这只熊可不容易，我们在前一天发现它的足迹后，特地停靠了一晚。第二天早上，船上的生物学家终于用望远镜发现了岛上的一大一小两只北极熊。我们坐上充气平底船靠近小岛，从上午 8 点 30 分到 9 点 30 分，足足观察了一个小时的北极熊。据随行的生物学家 Hans 博士观察，这两只熊都是雄性，可能是“熊爸爸”和“熊孩子”吧。因为距离很近，我们可以听见它们发出的声音，如人类婴儿的叫声。

▶ 北极熊

这天也真巧，下午 5 点 30 分到 6 点 30 分，探险船在航行中又发现了一只独自游泳的北极熊，长时间游弋在漂满浮冰的海上。

研究发现，气候变暖已经让北极熊面临极大威胁，主要原因在于北极熊依赖于海冰，但海冰在春天的“后撤”变得越来越早，而在秋天的“前进”变得越来越迟。研究人员指出，自从 1979 年开始进行卫星观测以来，每年 3 月出现海冰的最大值与 9 月的海冰最小值之间的时间跨度已经延长了九周。这让北极熊捕猎、寻找配偶和繁殖后代的时间段缩小了。

▸ 独自游泳的北极熊

我上船前在北极博物馆参观时也拍了一张北极熊标本的照片。如果不采取行动，也许将来我们的孩子只能在博物馆里看北极熊的标本了。

下图中是海象。我们拍海象这类动物时，船只会跟它们的栖息地保持很远的距离，并且缓慢驶过，不惊扰它们。看来，来往的船只都会遵守一定的规则。

大家注意看，下页这张图是大雾中的山峦。北极天气多变，一会儿阳光灿烂，一会儿就大雾弥漫了。这也是很有意思的体验。

我们在海中航行，充气平底船尾部必须安装一个雾灯。很多海上的照片就是坐在充气平底船上拍的。雾太大的时候是不能下母船坐充气平底船的，按规定是能见度超过 400 米才能下船，往往下船后能见度就低了，北极天气预报很难做到精准。

▶ 海象

▶ 大雾中的山峦

天晴的时候，景色非常美。但这种时候不多，航路上经常遇到因为天气原因活动取消的情况。天气就是天气，我们必须遵守它的“指引”。当时我们还遇到了烟雾警报，船员非常紧张，空气中有一股难闻的味道，幸好最后有惊无险。

这次我们最远到了北纬 81°，返回途中还去参观了位于新奥勒松（Ny-Alesund）的北极科考站。

大家注意到下图中有什么特别的没有？图中有一对石狮子。这就是中国的文化符号了。不用任何语言，不用牌匾，就知道这是中国的科考站——北极黄河科考站。

▶ 北极黄河科考站

各国在极地都有开展各种各样的科学实验。挪威还建设了一座极地“种子银行”，保存了全球的植物种子，万一发生不测，可以利用这里的种子修复生态。

下图是我在大轮船二楼甲板上拍的一张照片，回来再看，非常喜欢。大家都在船上，可是每个人都在向外张望，这像是我们人类的一种隐喻：我们都在船上，在船上我们要互相照顾，同时我们对外面的世界、对航路上不可知的未来，永远充满好奇心，这就是我们前行的动力和守望相助的基本情怀。

▶ 大轮船上的人

我们乘坐的是充气平底船和母船破冰船。坐上充气平底船遇到大风，有时也会有不安全感，但为了到达目的地，更直观、更深入地体验北极，每次出行必须坐上它。每次出行都带着期望，每次回航都收获满足和惊喜。人在这种环境下，显得非常渺小，但又充满力量。我们一直在探索，一直在航行。

这个讲座到今年是第七年了，为什么每年我都与同学们分享自己的经历、见闻？在这个世界面前，我还在路上，我仍然在做学生。从这个意义上说，我和在座的每一位一样，我们是同学。但从阅历和年纪上，我又是你们的学长。好奇和分享是使人类进步的天性。我把自己的经历分享出来，能够给大家一点点新年的启发，一点点新年的喜悦，我就觉得值得。

有人说，我没有钱去北极。如果你听完讲座，心里只想着我没钱去北极，那就糟糕了。因为这不是我的本意。北极只是一个形式，没有必要非得去北极这个具体的地点。

真正的开悟在生活中。一本书、一段谈话，甚至一段恋情、新年每天的锻炼，都可以成为你的“北极之旅”。当然你也可以把去北极当成自己人生目标之一，为此去准备，去奋斗。更关键的是，你心中要有这个世界，知道世界很大，我们努力的方向和可能还无比地丰富。你心中有世界，世界就会在那等你，不离不弃。这就是年轻时代所谓的人生格局。要有使命感，然后用日常的实践，去找到你自己的“北极”，找到你自己的方向。

北极之行的收获，不只是欣赏到了难得的风景，还有实地行走后的领悟。那种永恒大美对心灵的洗涤，是令人难以忘怀的。北极之地的绿草之上，远处可见白皑皑的雪山，近处可见分布在岩石上的地衣——丽石黄衣，我单膝触地，留下了一张特别的照片。

这里有我上大学时和同学“穷游”的一张老照片，当时是在新疆从伊犁出发，去一个叫“二牧场”的地方，那里有漫山遍野的野花。那是 1991 年大二暑假，我刚过 20 岁。那会儿旅游真是“穷游”，住不了好酒店也去不了好餐馆。但我大学每年的寒暑假都会坐着绿皮火车到全国各地游览。在辽阔的土地上，我能够感受到贫穷、富庶、美丽和哀愁给心灵的冲击，这些似乎和我日后的事业、选择都是有关联的。无论是我后来从政府辞职创业互联网，还是如今投身公益，致力于教育，泯泯初心，肇始于此。

今天我特地把它翻出来，是想告诉大家，一定要珍惜年轻时的这种体验。此时你可能没有钱，但青春的冲劲比什么都宝贵，你一定要在自己心中种下一颗种子，胸怀这个世界。

现在我们每一个人都有手机，可以很方便地上网。躺在宿舍，刷朋友圈、刷微博就能“环游世界”，一个大学生的见识甚至可能远超过去的教授。互联网会给我们这些便利，同样也容易带来幻觉。它只是一个工具，是中立的，有可能用于做好事，也可能带来负面影响。所以每年我来聊一年的探访经历，也是希望同学们在大学四年中，不要沉湎于手机或者游戏，我们还要抬头去看看外面的世界。“知易行难”，只有自己亲身去感知、去体

▶ 陈一丹先生在北极留影

▶ 陈一丹先生旧照

验，才能获得更深刻的认知。所以新的一年，我也希望大家能有更多的实践和行走。

二、文理学院：教育可以更多元

“明德创新、解行并进”是我们的校训，也是我们的行为准则。所以得一边“解”，一边“行”，向大自然求解，向世界上最优秀的人群求解。从北极回来后，8 月，我走访了美国东岸几所著名的文理学院。

麻省的安默斯特学院（Amherst College）跟麻省理工、哈佛大学在同一个州，但位处偏远郊区。每个班的学生有 10—15 人，老师、学生数量之比是 1∶8，学生还可以到附近其他学院选修不同科目。校园文化不崇尚“超级竞争”，而是崇尚一起进步。

除安默斯特学院（Amherst College）外，我们这次走访的还有威廉姆斯学院（Williams College）、米德尔伯里学院（Middlebury College）、哈弗福德学院（Haverford College）、斯沃斯莫尔学院（Swarthmore College）等。

美国的大学主要有三种，有一般我们认知较多的综合性大学，还有侧重本科教育的文理学院（Liberal Arts College），以及培养副学士的二年制社区学院。美国的文理学院是规模小而精的大学，大部分只提供本科教育，培养学生的能力、素养、思想而非培养学生的技能是其精髓，一般不设工程、商学和医学的专门专

▶ 安默斯特学院

业，其毕业生毕业时只可获得文科、理科或艺术的学士学位。

美国的文理学院，往往有着高质量的本科教育。这些文理学院大多是私立的，非常鼓励学生的心智发展，提供非常自由、人文的环境。从网上的数据来看，全美只有大约 3% 的大学生毕业于文理学院，文理学院却培养了 19% 的美国总统，培养了众多普利策奖获得者。《福布斯》杂志全美最富有 CEO 排行榜中有 8% 的 CEO 毕业于文理学院。苹果公司创始人乔布斯读的里德学院就是一所文理学院。

Middlebury College，米德尔伯里学院，中文也有翻译为“明德学院”的，我更喜欢后面这个翻译。我们有幸与其校长Dr.Laurie Patton作了交流，她谈到了学院的校园文化：在这里学生之间不竞争，但都会很努力，他们的努力会带动其他同学更努力。

临别前，校长送给我们一本书，是她本人用英文翻译的印第安人诗歌。她对我们说，可以比较看看，诗歌说的内容与孔子及其他中国思想家说的有什么不同。这也和最初提出博雅教育（Liberal Arts）的英国教育学家约翰·纽曼在《大学的理念》一书中提到的观点一致，他是这样说的：“如果让我必须在那种由老师管着、学够学分就能毕业的大学和那种没有教授和考试，让年轻人在一起共同生活、互相学习三四年的大学中选择一种，我将毫不犹豫地选择后者……为什么呢？我是这样想的：当许多聪明、求知欲强、具有同情心而又目光敏锐的年轻人聚到一起时，即使

▶ 陈一丹先生与米德尔伯里学院校长 Dr.Laurie Patton 的合影

没有人教，他们也能互相学习。他们互相交流，了解到新的思想和看法，看到新鲜事物并且学会独到的行为判断力。”

对于武汉学院而言，我们在进行着全人发展教育。这种全人素质的发展和塑造，与文理学院的培养理念是一致的。文理学院将培养理念贯穿到了整个学校体系里，这对我们深入开展全人发展教育，是不是应该也有些启发和借鉴意义?

还有一点，美国依然是世界上最重要的创新国家，很多前沿科技、应用，都是在这里诞生和推广的。

三、不丹之行和欧洲难民

不丹位于印度和中国之间，是世界上最后一个开放电视与网络的国家。不丹经济相对落后，但却是世界上幸福指数最高的国家之一。

2016 年有一个机会，我们一行去拜访了不丹 GNH 研究中心院长卡玛 · 乌拉先生，他曾参与起草不丹的第一部宪法。此行我们也与寺庙的活佛、不丹的历史学家作了交流。

这次拜访的话题主要围绕 GNH（国民幸福指数）来展开，这是一个跟 GDP 相对应的指标。不丹把 GNH 融入了政策体系、学校教育体系，通过教育让国民有健康的心理、健康的生活。我在旅行中记录了这两点：首先，用内心感受平静，运动和冥想对身心很重要，在基本的物质基础之上，贫穷都是比较出来的，贫穷其实就是内心的感觉；其次，降低内心的不安，以企业里的员工为例，员工真正开心，才有更多的创造力。本质上，幸福感才是产生创造力的基础。简单就是幸福，放空能激发创造力。

▶ 陈一丹先生与不丹 GNH 研究中心院长卡玛·乌拉先生的合影

我在全世界不同地方走访，大家的背景不同，发展阶段和面临的问题也不一样。但无论信仰什么宗教、是什么身份，大家都在用自己的方式求解这个世界的“答案”，而且都有一个共同的基础，就是教育。

说到幸福，难民应该是世界上最不幸福的群体之一，家园破碎，流离失所。12 月，我们走访欧洲时，与爱因斯坦基金会作了交流。这是一个关注和致力于难民问题的基金会。难民现在成了欧洲最头痛的问题之一。关于难民的教育问题，基金会提供了一组数据：全世界有 2.6 亿学龄儿童、青少年（6 岁到 17 岁）失学，辍学率是 20%，这是非常惊人的比例。600 万学龄难民中，有 370 万儿童没机会上学，占比约 60%，儿童难民失学的可能性是非难民的 5 倍。教育问题不解决，可能就是恶性循环的开始。

四、“一丹奖”：教育是未来的答案

大家知道，2016 年 5 月，我宣布设立了“一丹奖”。“一丹奖”旨在表彰及支持教育界的创革者，亦希望透过此平台，汇聚各方具有建设性的教育方案，让全球下一代受惠。今年也就是 2017 年就要宣布“一丹奖”的第一届获奖名单，所以从 2016 年 9 月开始，“一丹奖”基金会就开始在全球路演，由全球最顶尖的高校、研究机构、基金会一起推荐教育项目及人选，最后再评选。

9 月，我们走访了美国的教育机构，并就未来教育发展进行了讨论。参与讨论的机构包括哈佛大学、哥伦比亚大学、斯坦福大学以及麻省理工学院，此外还包括比尔暨梅琳达·盖茨基金会、彭博基金会等公益慈善机构。

北美之行中，我们看到很多出色的教育项目：利用游戏探索孩子的理想；在校内课程中融入“翻转教室”教学法；让儿童在家中收看视频课堂，在校内由老师指导做功课；设置个人化的学校课程，容许兴趣、优势及弱点各异的孩子自幼拥有专属的课程内容，并“贴身支援”他们直到进入高校；利用前沿的脑部研究，研究早期教育对学童脑部的发展；利用大数据，了解学生的学习进度，让老师可以及时考察，提早介入支持。

▶陈一丹先生走访美国教育机构

12 月初，我访问英、德两国，向学术界及教育界领袖介绍“一丹奖”，访问的英国大学包括牛津大学、剑桥大学和伦敦大学，德国大学包括洪堡大学、柏林自由大学和柏林科技大学，另外还和萨顿信托、爱因斯坦基金会、德意志学术交流中心及其他基金会代表会面。此次访问的目的就是遴选出全球最值得激励的教育项目和教育家。

欧洲之行中，英国在教育的社会体系方面的探索和创新，给我们留下了深刻的印象，比如“融入教育”，让不同背景不同能力的学生在学校一起学习；鼓励大批刚退休的教师这一宝贵“资源”再投入教学。德国的高等教育，除了综合大学的学术教育之外，还有极具特色的“双轨制”职业教育，“学徒 + 在校”的企业与学校双培养模式，一直是适合这个工业制造出口大国的人才培养机制。

▶ 陈一丹先生与爱因斯坦基金会成员的合影

五、武汉学院的 2016 年和 2017 年

2016 年对武汉学院来说非常重要，是转型进步的一年。我在与校领导的交流中得知，2016 年学院在转型中取得了很多坚实的进展，我非常高兴。校企合作方面，无论是腾讯精英班、ACA 班、CIMA 班、创业基地、应用型教授，还是与各大企业合作的开展、国际合作拓展，都有显著收效。我校和世界名校建立了联系，开展游学活动，教师外出访学，高层也出去见识了世面，开拓了更广阔的视野。还有武汉学院共建基金，这个共建基金今天种下一个非常重要、迈向未来的种子，以后可以聚社会贤达之力，共同推动我们学校发展。不是只有陈一丹，而是更多热心教育的企业家和社会力量，通过这个平台一起推动学校的发展。他们不仅仅是出钱，更是谋智，这些其实非常重要。而今天的教学改革，包括成果导向教育、行程式评估、O2O 教学、双学位和主副修、合作开展研究生培养等都有很大的进步。“一本”招生是突破；学院人力资源管理形成有效体系，人力资源管理的绩效考核和薪酬体系实现革新，这些都是突破。

这两天我有幸参与了学校老师、高层和各系部的交流，总体感觉很振奋。我们老师的这种探索精神、发展势头、一心要把学院发展起来的观念，让我感觉到武汉学院会变得更好，而且正走在一条大道上。转型是很难的，转型的拐点中许多人付出了无数的努力。在校董会的领导下，校监、刘校长从海外来到属于“四

大火炉”的地方，跟各位领导、各位老师一起推动改革，让思维转变过来，同学们也在奋进。这个拐点在 2016 年形成，比什么都重要，我们将会迈向一个很好的前程。

关于武汉学院的 2017 年，校监已经提出了“新八条”，也提出我们要加强“内功”的修炼，教师的管理、教学等模块都要进行优化，改革要适应武汉学院的高速发展。希望在校董会的领导下，在校监团队的带领下，全校师生共同努力，持续建设、积极推进，实现新发展。

2015 年 5 月之前转设成功是我们短期的目标，我们做到了；做到了以后我们没有停下脚步，我们继续前进。我们有一个非常好的愿景，需要一代一代师生付出努力，那就是使武汉学院成为“最受尊敬的民办大学”。而目前我们应该树立下一个实质性的目标、中长期的目标。之前的目标——转设成功已经在 2015 年 5 月实现了。我们现在还是一个学院，是本科的学院，在国际化应用型民办大学的办学方向上，未来硕士、博士教育要全面建设。升格为真正意义上的大学，应该被定义为我们学校宏观层面的下一个实质性目标。

未来的武汉学院将与社会一起发展和进步！新的一年，祝福大家像北极燕鸥一样展翅翱翔。

春节即将来临，我送给老师、同学们一副短联，上联是“金鸡报晓”，下联是“突破连连”。对于武汉学院来说，我们一直都需要突破的精神，将其融入武汉学院的基因。2017 年以及未来，我们各院、各系、各部门要把创造力、潜能都激发出来，让每个单位甚至每个人都成为突破的主力军。突破靠什么？靠创新、靠落实、靠“解行并进”。一知半解，不实质推进，都是表面文章，无法真正突破。突破的过程中，需要心力、脑力，也需要勇于尝试、勇于担当、勇于接近真理和问题实质的魄力。

突破的过程中有时会遇到困难，有时候会碰壁；有时克服了困难就成功了，有时远离了失败就成功了，有时路走对了就成功了。在过程中不断“解行并进”，进入心中的世界，翱翔于心中的世界。为了实现建成“最受尊敬的民办大学”的愿景，我们这代人在这个阶段该做什么？这一路上，都需要在座的各位，需要全校的师生一起奋进。

亲爱的老师们、同学们，新年进步！新年快乐！

六、互动交流

主持人：今天的聚会非常宝贵，按照以往的惯例现在是互动交流环节。现场师生有任何问题都可以向陈一丹先生提问。

提问：您好，陈一丹先生，我是来自 15 级金融系的学生。您是腾讯公司的主要创始人之一，是一名成功的企业家，我有两个问题想请教您，一是管理一个企业和管理一个学校有哪些区别和共通之处？二是您倡导公益办学，这个公益具体指的是哪些方面，与学生相关的又有哪些？

陈一丹：应该这样讲，除了政府投入公共资源办学之外，教育本身是可以分两块来做的。第一种是像做企业一样，叫作教育产业，所以教育也可以按企业方式来做；第二种教育是当作公益做，比如开办公益性质的学校，或者做与教育相关的公益项目等。

我想按企业和按公益的方式做教育有很多相同和不同的地方。不同的地方主要是出发点不同，企业是要按照企业的运营规律去做，在企业为用户、客户带来价值的同时，实现盈利和利润的增长；而公益是没有资金回报的。但无论用哪种方式办教育，都要谋求持续地运营下去。这是二者相同的目标。因此，在机构的策略、管理、财务的运营等方面它们都有相通的地方。

无论企业性质还是公益性质，只要对教育事业有所贡献，都是值得肯定的。

开办学校的目的是教书育人，所以学校有它的特性，老师和学生是学校最宝贵的财富。一个学校办得成不成功，根本上取决于老师和学生，因此办学是要把老师和学生的主动性激发出来，给他们提供一个平台。而我和我们的团队一起，就是老老实实做办学人。

对于武汉学院这所公益性质的民办高校而言，选择这条路与办学的目的和目标有关。如果你做公益事业的初心是很纯粹的，不是以盈利为目的，在机制设置上也是往这个方向走的时候，它能把所有的资源回馈给学生和老师，资金循环最终也是回归到学校。在美国，很多顶级的学校都是非盈利的私立学校，私立学校比较具有灵活性。武汉学院成立，我进来以后，就是希望它朝顶尖的大学发展，定位是国际化应用型大学。如何实现这个目标，还是要依靠老师和学生一步一步往前走。所有捐赠人投入进来，也是不要物质回馈的，我们希望的回馈就是有很多资源最终留在学校，希望校友学有所成，一代又一代地建设它，这个学校是大家的。希望同学们毕业以后事业有成，也能回馈学校，继续支持它发展，因为这个学校永远是属于老师和学生的。

提问：2017 年 1 月 9 日腾讯发布了小程序，我想这又是一个比较大的"风口"。作为腾讯的主要创始人，不知道您对我们未来想要创业的大学生如何迎接"风口"有什么可以分享的"干货"？

陈一丹：我已经从腾讯公司退休超过三年了，按照香港联交所的规定，我现在属于不用申报的行列。所以我跟你一样，也是从公开渠道了解的这个信息，因为我已经退休了。

作为一名大学生，像你这样善于捕捉科技发展的前沿信息是非常好的。除了信息的了解、素材的累积，你自己要钻一个方向，你不能把它当一个新闻看，当成你茶余饭后的谈资。它启发到你什么？它到底是怎么样的？如果你要创新，要把它当创业方向来做，那一定要非常深入地理解。只要找到这个兴趣点，所有的大门都会为你敞开。现在这个社会信息非常多，途径已经打开了。以前的大学生只要有知识就能超越别人，现在你们主要的诉求已经不是知识的获得，而是你们探索思维、进取的能力。谢谢！

提问：陈一丹先生您好，当年您和马化腾先生等几个合伙人创办了腾讯公司，您怎样看待现在的大学生创业？

陈一丹：大学生创业是当下大家谈起来比较时髦的话题，而且也有一些成功的例子。我觉得，你要冷静地看待自己适不适合创业。你对这个事情了解有多深？是凭一个概念去创业还是怎么样？你是辍学去创业，大学一毕业去创业还是毕业工作多年后去创业，哪个更适合你？你对自己最清楚，所以你首先要了解自己。怎么了解呢？例如：我对要涉足的领域理不理解，理解深度是多少？我现在的知识面够不够广？万一遇到困难，我哪些困难承受不起，哪些承受得起？很多东西你自己都要想清楚。也有人说，我就是有一个创业梦，我一定要创业。那是不是可以先工作起来累积经验，慢慢寻找更多的机会？

还有，要进入哪个领域？条条大路通罗马，所以要了解自己。我这里没有一个定案，但是千万不要盲目去赶时髦，而是要根据自己的判断力、思维力，不断探索。你们现在比我们那个时候好多了，可以从互联网上了解信息。武汉本地也有很多企业家、很多行业的成功人士。武汉是华中地区的中心，发展迅速，很多领域你可以去看看到底适不适合。但是绝大部分学生，还是要在大学四年好好学习，完成学业。求学的目的是为了拿个文凭吗？文凭要拿，但不是为了拿而拿，因为我们学校不是一个“学店”。你交了学费给我，我“卖”个证书给你，这是“学店”。大学是教育机构，老师用心教育，让你在这四年中提升能力和思维，你要如饥似渴地去增长这种能力，确立自己的志向，机会永远属于有准备的人。谢谢!

提问: 现在学校腾讯精英班的学生，每年都有机会去腾讯总部参观。请问互联网专业、工商管理专业和其他专业的优秀学生，能不能有机会去腾讯总部参观或者就业?

陈一丹: 作为实习的交流或者参观，这个渠道已经是打通了的，腾讯一直以来跟各个大学都有交流合作，对武汉学院一样敞开大门，这个交流不局限于哪一个系。入职则是很严格的，达不达到条件和标准，符不符合腾讯招人的规定，要跟大家公平竞争。要在多渠道了解的过程中，判断自己离腾讯的标准还有多少距离?在哪方面还不适合?这种信息的了解是有帮助的。腾讯在高速发展中一直敞开大门，不论社会招聘，还是校园招聘，目标就是要寻找好的员工。只要自己“武装”好了，还有很多大企业可选择。希望我们学校的优秀学生是手里拿着几份 offer 纠结: BAT 我选哪一个好呢?我希望是这样，谢谢!

提问: 陈一丹先生您好，我前段时间去了杭州，了解到西湖大学。一方面您刚才说我们学校需要资历上的积累，我们需要达到什么样的存量，师生才能得到一个比较好的教学资源环境?其二，我们现在的定位是应用型大学，在中国的大环境中怎样实现突破?谢谢!

陈一丹: 问的问题很好，思考面很广。现在我们国家在教育，特别是高等教育领域探索了那么多年，呼声不断，这十几年也在不断尝试，改革的模式、政策也不断开放。我们看到公立学校也在改革，深圳的南方科技大学作为探索者开了个头。目前公立大学还是占主体，让它们焕发出青春和力量是未来要去做的，而赋予大学自主权是其中一个很重要的方面。赋予大学的自主权与有效的监督，这个在平衡上对教育政策和教育监管水平都提出了非常高的要求，比如监管与鼓励发展之间怎么平衡？与公有体系的制度怎么去结合？这些要去思考，但是作为改革方向，我认为目前走在对的路上。

中国 1949 年以后大体取消了私立大学，只有公立大学，1999 年开展试点后，于 2000 年前后，开放私立高校政策，其目的就是满足社会对大学生就读的需求，因此利用民营资本的进入，设立了“三本”的独立学院。武汉学院的前身就是众多的独立学院之一。发展了十几年，有一批愿意转设、升格的民办高校可以独立地去走自己的路，武汉学院就是其中之一。走这条路又有两条路径之分，一种是盈利性，一种是非盈利性。而我们武汉学院在政策没出台之时，就已经走上了非盈利性这条自主道路，也为未来国家的决策提供了非常好的案例。多年前，记得相关调研组来湖北调研，在座谈如何发展民办高校的时候，我们补充道：我们这里还有一间非盈利性的公益民办大学，有没有什么政策倾斜？调研组知道有这样一所高校后，很有兴趣地了解了我们学校的设置。我们是走在改革的前沿，因为我们树立的志向，是做“最受尊敬的民办大学”。

改革的过程中，任何有志于推动大学的发展和教育的发展的人，都是值得我们敬佩的。不同的人利用自己的优势进行探索的路，都是教育界为之鼓舞的。西湖大学是一批很有志向的教育家办的，他们立志要做一所高端研究的私立大学，它的定位就是高等研究教育，培养高端人才，它立志的点就是这个方向，所以要做民办。西湖大学现在还处于确定愿景和方向的起步阶段，但是它迈出了第一步，成立了一个高等研究院。从体制上讲研究院是比较容易通过审批的，高质量的研究院能走出来，确立权威和口碑了，它再逐步变成一个西湖大学，这个建制的路是比较长的，但是我非常敬佩这些教育的探索者。

西湖大学走的路跟我们不太一样，我们的路是建设国际化应用型大学。西湖大学先有研究院，再向下延伸本科教育；我们先有本科教育，建立了完整的高校建制，再向上建设对应的研究院。因此，我们现阶段立足本科教育更多一些，专业培养以外，人才综合素质的培养，即育人的部分更加着重也更加丰富。但对于建设国家一流大学或世界一流大学这个长远目标而言，从基础一步步累积发展的这种走法，道路会更为漫长。突破对我们来说太重要了。突破可以缩短我们的历程，建立我们的特长特色。

研究型大学和应用型大学，两种没有高低之分，只有适不适合。应用型大学不仅仅着眼于就业，研究型大学也不仅仅局限于实验室。在我眼里，很多研究型大学出身的人，其专长可以说介乎学术和应用之间。社会上的现代大学的治学理念往往与国家政治理念、宪法精神都是一致的。明显的例子是美国的大学，大致分两种理念：第一种是大学培养人才精英，引领人类社会发展，超越人类基本需求，耶鲁、哈佛这些“理想主义者”，永远在象牙塔上，它们的追求就是最好的学术研究，它们一直冲在前面。过去一两百年这类大学很厉害，这是我们理解的研究型大学，对人类贡献非常大。第二种是应用型大学，跟社会融合，了解社会在干什么，培养对社会有用的人，从而推动社会发展。多年来这种理念一直处于边缘，没人理睬，直到第三次世界工业革命，出现了斯坦福，一所学校让硅谷这一片逐渐成为全世界的创新中心，最典型的成功的应用型大学就是斯坦福大学。斯坦福大学做研究吗？当然做研究，很多跟应用有关的研究，随着发展也在做前沿科技和理论的研究。武汉学院未来的发展需要研究吗？需要，但不是束之高阁的理论，而是与推动应用型大学发展有关的研究。应用型大学这方面的研究，其实在中国是空白的，武汉学院有机会去做，而我们学校的团队决定在这方面作探索。

要做最受尊敬的国际化应用型大学，从这个意义上讲，方向就在那里，我们的老师能冲到哪里，这是摆在我们面前的课题。所以突破点在每一位老师、每一位学生。谢谢！

2017 年 1 月 10 日

武汉学院改革，让我想起了它

——在2017年度“陈一丹奖教奖学金”颁奖典礼上的讲话

亲爱的老师们、同学们：

非常高兴又回到了武汉学院。今天分享的题目是《武汉学院改革，让我想起了它》，想起了什么呢？就是卡罗尔·德韦克（Carol S. Dweck）教授提出的“成长型心态”，在国内翻译为“成长型思维”。

此刻又是开春，首先祝全体师生新年快乐！我们每每谈及新年快乐，一方面来自于对过去一年辛勤付出、取得的进展的欣慰；另一方面，一元复始，万象更新，无论过去如何，新的一年总能带来新的期盼，新的可能。这就是快乐的两个来源：收获和希望。

所以每年这个时候我来和大家聊聊天，总结一下过去，展望一下未来，都是满满的喜悦。

▶陈一丹先生作题为《武汉学院改革，让我想起了它》的演讲

快乐的重要源泉之一，就是获得新知识的快乐。今年获得“一丹教育研究奖”的美国斯坦福大学卡罗尔·德韦克教授的理论是“成长型心态”。在这里将这个理论分享给大家，希望武汉学院的每一位老师、每一位学生，都能收获成长型心态，都能够终身成长。

在德韦克教授还是年轻学者的时候，她研究人们是如何面对失败的。她给小学生相对于他们当时的学习程度来说较难的题目，观察他们如何应对困难去得到答案。

德韦克教授惊讶地发现，一些学生的表现出乎意料。一个十岁的男孩激动地说:“我爱这个挑战！”还有一个学生努力地做着测试，并且很开心地表示:“我就是想做这种信息量大的测试。”这些孩子的反应让德韦克教授决定弄清楚这种可以将失败转变为财富的思维模式。

经过研究，她发现存在两种心态，固定型心态和成长型心态。拥有固定型心态的人相信自己的才能是一成不变的，而拥有成长型心态的人相信，每个人的才能都可以通过自身的努力来培养，即使人们在先天的才能和资质、兴趣或者性情方面有不同，每个人都可以通过努力和个人经历来改变和成长。

面对失败的时候，拥有固定型心态的人会认为失败是永久的，而拥有成长型心态的人会认为失败是一次学习甚至转变的好机会。面对批评的时候，拥有固定型心态的人会认为是人身攻击，而拥有成长型心态的人会听取建设性意见、发展出新的想

▶ 香港特区行政长官林郑月娥为卡罗尔·德韦克教授颁发“一丹教育研究奖”

法、促使自己成长。

面对新的任务，拥有固定型心态的人会选择简单的、不太需要付出努力的任务，他们心里会觉得，“既然才能是固定的，为什么还要努力？”而拥有成长型心态的人选择拥抱具有挑战性的任务，并竭尽全力。面对挫折时，拥有固定型心态的人会轻易放弃，而拥有成长型心态的人认为这是一次实验的好机会，并努力解决问题。拥有固定型心态的人关注显性的成就，而拥有成长型心态的人关注持续成长的旅程。

为了进一步验证成长型心态，德韦克教授还研究了体育界的大量人物，发现拥有成长型心态的人和体育冠军有一些共同点。第一个就是，他们都认为成功来源于尽自己最大努力做事，来源于学习和自我提高。世界上为国家队进球最多的女子足球运动员米亚哈姆告诉德韦克教授：“每次比赛或者练习之后，如果你走下运动场时认为自己尽了全力，那么你永远是一个胜利者。美国人热爱我所在的球队，是因为他们看到我们真正热爱这项运动，我们对彼此、对每场比赛都付出了全部的努力。”

拥有成长型心态的人和体育冠军的第二个共同点就是，他们都认为挫折可以给人动力，挫折是一记警钟，可以告诉我们很多。伟大的篮球运动员迈克尔·乔丹从棒球界回归公牛队的第一年，公牛队没有打进 NBA 季后赛。乔丹坦言：“你不可能离开又回来后，依然‘称霸’篮球。从现在开始，我将从身体到思想上都做好准备。”而他也的确在挫折中吸取教训，继续努力，带领公牛队在接下来的三年都获得了冠军。

随着年龄的增加，迈克尔·乔丹的体力和灵活度大不如前。为了弥补这些缺陷，他更加努力地训练自己的协调性和动作，比如转身跳投和著名的后仰跳投。他也由此从灌篮好手，成长为美职篮联赛中最全面发展的球员。拥有成长型心态的人，能够掌控自己的能力，引导自己一步步走向成功，引导自己维持巅峰状态；而拥有固定型心态的人当天赋无法带他过关斩将时，会用抱怨和责怪别人的方式来保护自己。

同样在商界，卓越的领导者也都具有成长型心态。吉姆·柯林斯在《从优秀到卓越》一书中提到，成为卓越公司的重要因素，是拥有在任何情况下都能带领公司走向卓越的领导者，他们谦虚、勇于不断提问，并有能力面对残忍的现实。这些领导者都拥有成长型心态，他们相信人是可以发展的。他们并不总想证明自己强于他人，不会刻意贬低他人来显示自己的强大。相反，他们不断尝试进取，让自己身边围绕着他们能找到的最有能力的人。他们仔细审视自己的错误和不足，坦白地问自己以及公司在未来到底需要哪些技能。正因为这些特征，他们才得以站在坚实的基础之上不断前进。

这两种不同的心态在生活中普遍存在，而不同心态创造的世界也会大不相同。固定型心态会限制人的成就，它让人们的头脑中充满了干扰信息，让人们不屑于学习、毁掉学习策略，评论和批评外部世界、推脱责任。

▶ 陈一丹先生讲解“不同的心态，不同的世界”

成长型心态让人们知道，要想不断成长，需要明确的关注点、全身心的努力、无穷尽的策略和方法，还有共同进步的伙伴。而这一切，都能帮助人们发展能力，并结出丰硕的“果实”。

是固定型心态，还是成长型心态？是故步自封的自我限制，还是超越可能的自我拓展？我希望你们，武汉学院的每位师生，都能够记住：你是有选择的！

相信很多人会希望拥有成长型心态。不过，在深入探讨我们应该怎样拥有成长型心态前，我想先提醒大家，对于成长型心态，有一些普遍的错误理解，这些错误理解被德韦克教授称为“虚假的成长型心态”。在座的老师们，尤其要警惕这种“虚假的成长型心态”。很多人将他们身上某些自己喜欢的优点称作“成长型心态”，特别是思想开放、灵活性高的人会声称自己拥有成长型心态，但是拥有灵活性和开放的思维，与专注于个人能力发展，是两件事。如果人们远离了成长型心态的真正意义，即专注于个人能力的不断发展，也就远离了它所带来的益处。还有很多人认为，成长型心态只关乎努力，特别是去夸奖别人的努力。然而，最重要的事是努力的过程，它并不只包含努力本身，还需要人不断尝试新的策略，不断听取别人的意见，集中精神、坚持不懈。这样才能培养出成长型心态。

另外，尤其不要称赞并不存在的努力。明知对方并没有真的付出努力，你却把称赞对方努力当作一种鼓励或安慰，是极大的错误。询问努力的过程，并且表现出关注，就是极大的帮助。

还有一个典型误解是，培养孩子们的成长型心态只是简单地告诉孩子们可以做任何事。不要简单地告诉孩子们“你可以做任何事”，而是要帮助他们获取技能和资源，通过努力达到他们的目标，否则，“你可以做任何事”只是空洞的安慰。作为教育者，必须认真负责，创建一个友好的成长型心态的环境。在这个环境中，孩子们不会害怕受到批评，他们知道我们每一位老师相信他们有成长的潜力，知道我们每一位老师会全心全意地帮助他们学习。

想让潜能“开花绽放”需要一定时间，通往成长型心态，也有我们都需要走过的旅程。德韦克教授也告诉我们要怎样去培养成长型心态，这其中包含四个步骤：接受、观察、命名、教育，我们来一一解读。

通往成长型心态的旅途的第一步，就是接受并拥抱你的固定型心态。每一个人都或多或少拥有固定型心态，这很正常。但即使我们要接受自己的一部分固定型心态，也并不代表我们要去接受它高频出现的事实，以及接受它在出现时给我们带来的危害。

第二步，就是要观察自己，明确是什么激发了你的固定型心态，以及固定型心态人格会在什么时候出现。可能当你面对巨大挑战的时候，固定型心态人格会说“也许你没有那么大能力，别让大家发现这个缺点”；可能在你为某事奋斗很久但是进入“死胡同”的时候，固定型心态人格会说“放弃吧，这太难了”；可能在你遭遇失败的时候，固定型心态人格会说“搞砸了事情，这太可怕了，你就是这样的人，不能成事，当然，还有别人的错，都是他们的错”。

想一想，最近一次激发你的固定型心态的事是什么？在这个时候，那个固定型心态人格对你“耳语”了什么？了解固定型心态，明确激发它出现的原因，不要着急评价，先好好观察一下。

接下来第三步，是给这个固定型心态人格起个名字。你没有听错。来分享一个斯坦福的学生给自己的固定型心态人格起名字的例子吧。“失败，尤其是公开场合的失败，是激发我固定型心态的主要诱因。在这个时候，我的‘亨利艾塔’就会出现。‘亨利艾塔’就是我给我的固定型心态人格起的名字，这也是我挑剔的祖母的名字。她在遇到问题时会立即责备别人，以此来保护自己的自尊心。她拒绝而不是去拥抱失败，这让我担心，如果有人看到我失败，会认定我是个失败者。”让我们来想一想自己的固定型心态人格。如果是你，你会不会用生活中某个人的名字来命名它？又或者，你是不是给它一个你并不喜欢的名字，提醒自己不要成为那样的人？

当你知道了触发固定型心态的诱因，并了解了自己的固定型心态人格和它对你造成的影响，并且，你还给这个人格起了名字。那接下来第四步，你就要教育它了，让它和你一起走过这段旅程。当你的固定型心态人格在你马上要走出你的舒适区的时候出现，请欢迎它的到来，告诉它为什么你要迈出这一步，告诉它“我知道可能会失败，但是我想试一试”。你的固定型心态人格原本是为了保护你的安全而存在的，只是它有时过犹不及。用成长型心态的新方法教育它，它就可以帮助和支持你：接受挑战，不要放弃，在受挫后卷土重来，并帮助和支持他人成长。

走完了这四步，并不是旅途的结束。为了让成长型心态“开花结果”，你还要设立目标，并制订计划。每天问问自己：“对我来说，今天有哪些学习和成长的机会呢？对我周围的人呢？”在思考和利用这些机会的时候，要制订一个计划，然后问自己：“我将在何时、何地、用什么方法开始实行这个计划？”当你遇到挫折的时候，制订一个新的计划，再问一遍自己：“我将在何时、何地、用什么方法开始实行新的计划？”不管你的感觉有多差，都要这样去做。获得成功后，别忘了问自己：“要保持不断成长，我还要做些什么？”

德韦克教授还特别提到了一个很体现成长型心态的词——“尚未（Not Yet）”。考试失利，只是尚未通过考试；没有达到理想的状态，也只是尚未达到而已，都是暂时的；任务看起来很难，只是你尚未想到办法，只需一些时间和想新的策略即可。要在学习这套心态模式的过程中，改变词汇，播种行为，收获习惯，最终改变自己。“Change your word, change your mindset”。

以上关于成长型心态的论述，都来自于德韦克教授的论著。我这次比较详细地与武汉学院的师生们分享这个理论，不仅是因为她是“一丹教育研究奖”获得者，更是因为武汉学院迎来成立以来最大的一次改革。在改革中成长，在挑战中提升，愿这个世界级的教育研究成果能够让我们的师生受益，终身成长。

这里也分享一下，过往一年我的游历和思考。

6 月，我作为一个中国企业家访问团的成员之一前往以色列。在耶路撒冷的第一晚，半夜响起了警报，待我们下到住宿酒店的大堂，才知道警报已经解除，虚惊一场。耶路撒冷这个犹太教、基督教、伊斯兰教三教的圣地，让我们体验了冲突之下的和平国度。

在橄榄山，我们俯瞰整个耶路撒冷全景；在耶路撒冷旧城区，我们依次经过有着不同文化和信仰的种族聚居区，犹太区、亚美尼亚区、基督徒区、穆斯林区等，抵达有众多犹太教徒在前面虔诚祈祷的西墙（或称“哭墙”），并沿着西墙地下隧道古迹徘徊。

▶ 俯瞰耶路撒冷

短短几日，我们密集地与当地不同的初创公司和创投机构召开商业研讨会，了解以色列创新生态系统；与政府官员举行长桌会议，了解当地现况和政策。此外我印象更深的，是这里古老历史的现代演进和独特的自然地貌——无论是大卫之城、古里安之墓（Ben-Gurion’s Tomb），阿拉伯部落村落（Bedouin）的骆驼行，还是同为世界遗产的阿伏达特（Avdat）香料之路遗址与马萨达（Masada）城堡；无论是在特拉维夫的上空俯视，抑或是在内盖夫沙漠（Negev Desert）的越野奔驰、沙漠的绿洲之泉、在死海拿着报纸浮游的摆拍，这些都让我有所触动。

在中国企业家访问团与当地商界、科技与学术界的交流晚餐上，与我邻席的是希伯来大学校长梅纳赫姆梅·本萨松（Menahem Ben-Sasson）教授。7月，本萨松校长回访亚洲，我们又作了进一步交流，他送给我一本由希伯来大学出版的书——《阿尔伯特·爱因斯坦：永远的瞬间幻觉》。爱因斯坦当年支持了希伯来大学的创办，是第一届校董会成员，并担任第一届学术委员会主席。

我在这本书中了解到爱因斯坦对希伯来大学寄予的情怀和目标。一方面，他在《给希伯来大学朋友们的信》中提到：“以色列是地球上唯一一个犹太人可以按照其传统理想塑造其社会生活的地方。我想我们都极为关切，这里的最终局势是有价值且可喜的。要实现这一目标，很大程度上将取决于这所大学的成长与发展。”另一方面，他在1925年希伯来大学创立之际发表了《我们

▶ 陈一丹先生与希伯来大学校长会面

大学的使命》(The Mission of Our University)一文，明确指出“科学工作的普遍性，并且警告狭隘的民族主义”。

12 月的冬季，我前往中亚国家哈萨克斯坦，主要造访两个城市——阿斯塔纳和阿拉木图。阿拉木图是哈萨克斯坦旧首都，是该国最大的城市，也是传统的经济、文化中心。

基于长远的考虑，哈萨克斯坦于 1997 年迁都到阿斯塔纳，建立一座新的城市。原来仅有 5000 人居住的小地方，目前已经成为有 100 万人口的第二大城市，成为该国的政治中心。在阿斯塔纳，一切都是新的。2017 年的世博会就在阿斯塔纳举办。

▶ 阿斯塔纳（2019 年改名为努尔苏丹）一角

12 月，世博会活动已经结束，但世博会主场馆——哈萨克斯坦馆永久性保存和开放，我们在馆里充分感受到了本次世博会的主题——未来能源。

在冰天雪地的新城市阿斯塔纳，树立着一所年轻的高校——纳扎尔巴耶夫大学。该校由哈萨克斯坦总统纳扎尔巴耶夫倡议创立，也是该国第一所自治高校。学校以高薪聘请国际教授和学者来大学任教，采用全英文授课。

该校于 2010 年 9 月招收第一批学生，建设独特的教学制度和运营模式，与国际接轨；着眼于哈萨克斯坦未来新一代精英人才的培养，留住人才建设本国。从建立之初，这所新大学就肩负起为哈萨克斯坦高等教育改革树立典范的使命。

我有一个游历习惯，去一个新的地方，都尽量去那里的大学参观交流，多了解多学习，了解不同大学的创立初心、发展轨迹、特色成就和校园文化。然而，各种的学习和参考，都要回到自身，回到我们自己。过去一年，对于武汉学院，我思考最多的是：如何从几百所民办高校里脱颖而出，真正成为一流大学？

上个月，武汉学院校董会改组，新校长到任。武汉学院确立“建设一流大学，培养行业领军人才”的新定位。今天上午，我们学校的新图书馆正式开馆了。因为初心不变，当年我们加大了规划、财力、软硬资源的投入，今日逐渐收获了成果。因为初心不变，今日我们加大改革力度，开启重大革新，是为了今日师生的成长，明日学校的收获。硬件的建设，软件的建设，硬件的完

▶ 2017 年世博会主场馆——哈萨克斯坦馆

▶ 纳扎尔巴耶夫大学

善，软件的改革，都是不间断的过程。过程中，动态中，大家都是为之贡献、为之成长的一分子。

成长型心态模式能解决所有问题吗？不能。成长型心态模式一定会带来事业成功吗？也未必。但它一定可以让我们变得更积极、更有勇气，让我们的生活充满希望，渐渐美好起来。杰出的社会学家本杰明·巴伯（Benjamin Barbcr）曾说："我不会将世界分成弱和强，或者成功和失败……我会将世界分成好学者和不好学者。"武汉学院的每一位老师、每一位学生，让我们更加好学、更加关注自己的成长、共同营造成长型心态的环境。有了我们每一个人的努力和成长，武汉学院才会成长起来！

最后，我以一张哈萨克斯坦瑞雪中的梅花鹿的照片送上新年祝福，谢谢大家。

2018 年 1 月 13 日

▶ 哈萨克斯坦瑞雪中的梅花鹿

面对才会有勇气和智慧

——在2018年度“陈一丹奖教奖学金”颁奖典礼上的讲话

亲爱的老师们、同学们：

大家好。非常感谢大家的出席，同时祝贺今年的“陈一丹奖教奖学金”获得者。我们一年一度的新年讲座分享，今年已是第九个年头了。之前参加过讲座的师生都知道，我会分享过去一年的游历见闻以及所思、所想。而今年，我想讲讲过去一年，我在武汉学院的心路历程，借此机会和全校师生、教职员工聊聊天，谈谈心。

过去一年，无论是经济环境还是国际格局，都经历了更大的波动，充满了不确定性。我们武汉学院，也经历了一场“茶杯里的风暴”。

转设后，武汉学院校董会和校级管理团队建设基本成型，实行“校董会领导下的校长负责制”，这个制度安排有利于学院长期发展，也打下了很好的基础。但在选人任用、执行层面，由于我们经验不足造成了一些偏差。发现问题后，我们立即主动纠偏，而转弯的“方向盘”打得比较急，力度过大，造成了一些不必要的思想波动，甚至是队伍扰动。

近年来新校区建设完工，教育发展共建基金募集成功，硬件、体制都有了坚实保障，武汉学院正在快速驶入“主航道”，这时遇到“乱流暗礁”，坦率地说，我们确实始料未及。

在校董会、李忠云校长、吴怀先书记的有力领导下，在全校师生团结协作下，当前，我们的航船已经重归“主航道”。我与全校师生满怀信心，迎接2019，风雨之后见彩虹。

那么回过头来看，我们所得到的并非全是坏处。

暴露问题是解决问题的第一步，也是最关键的一步。

风起于青萍之末。这次在一些环节上“掉链子”，在绩效及行政管理、内部沟通、乃至选人任用上存在短板，是一系列“缺课”的综合反应。

过去我们的发展速度非常迅猛，软硬件条件、招生质量、师资水平、社会口碑不断提升。但是，从历史沉淀、办学经验来看，武汉学院还是非常年轻的学校，这也是基本的校史校情。这就决定了我们体制新，头绪多，经验少。

不怕有问题，就怕“鸵鸟心态”——一遇见问题就头皮发麻，把头“埋进”沙堆里。问题早来比迟来好，面对比回避好。有些问题是在发展过程中，能够自然消化的，就像小孩的成长，你可以静待“花开”，要有耐心。有些问题则不容回避，隐藏在我们的体系内，只会越来越复杂。

问题的暴露，是系统升级的过程。应当一次次解决问题，修复一个个“bug”，提升自身“免疫力”，让整体生态更健康。虽然这个过程会有痛苦，会有碰撞，也有淘汰。

同时也要意识到，即便方向没错，如果我们不注意方式方法，就会把改革变成盲动和折腾。要让改革过程保持阳光透明，务必减少内部的损耗。不好的，坚决改；不足的，立即补。

“人无远虑必有近忧。”遭遇波折，也会让我们从过去的成绩中冷静下来，更深入地反思反省，谦虚躬行，苦练内功，提升软件，为未来蓄力。

一、风雨过后队伍更坚实，教师始终是核心

自 2018 年 9 月底至 11 月底，校董会执行委员会和校级管理团队每周一次的过渡期校级办公会议，对学校当周重点工作进行审议。在这个过程中，我们不断碰撞，保持高度的坦诚和透明。

一开始，每次我来开会，压力都很大，如履薄冰。但是从教师、管理团队袒露心声、直面问题的过程中，通过倾听一线教职员工的心声和意见，我也得以了解更多，更加坚定初心。我们管理团队主动求变、励精图治，我们的教师队伍更对教育一片热忱，可以充分信赖、依赖。

改革离不开全体师生的共识，没有全校师生的支持，改革就不会成功。同时，我们也必须要坦率地说，改革不会没有“阵痛”，也做不到使人人满意。那如何凝聚大家的最大共识？我想有一点，那就是我们首先要明确，改革是提升效率、做大增量，而绝不是零和博弈。我们的目标是共同做大做好蛋糕，而不是重新切蛋糕。

李校长及各分管副校长，近期持续对各院系进行走访摸底，座谈沟通，明确保障现有教职员工切身利益，切实保障各类引进人才的发展。学校将对现行制度进行重新评估和优化，更重要的是关于怎么改，将会充分听取一线教工意见。同时，我们也希望师生继续给予充分理解，允许试错，包容失败。

清华大学老校长梅贻琦曾说过：“所谓大学者，非谓有大楼之谓也，有大师之谓也。”这是我第二次引用他的这句话。优秀的大学在于有优秀的教师，而不是有多么豪华的建筑。我们的使命是明师、明生、明校，核心在于“明师”。教师是学校发展的主体，更是传承教育、培养学生的中心枢纽。

改革必须将有利于教师发展放在第一位。调整之后，我对我们的教师队伍建设抱有更大的信心和期待。我们未来的步子会更坚实。

二、谈几点对武汉学院未来的期望

“一丹奖”每年遴选世界上最优秀的教学理念和经验成果，当我回到武汉学院，真正落地实施时，就会想起陆游的一首诗：“古人学问无遗力，少壮工夫老始成。纸上得来终觉浅，绝知此事要躬行。”

李白说：“相知在急难，独好亦何益。”实践的苦与乐，离不开同仁协力。武汉学院的幸运，在于有教育界人士、各位校董、校级管理团队、每一位老师、每一位员工同舟共济，以及同学们、家长们和社会各界对学校的殷殷期盼。

在这个过程中，我自身也在学习和成长，也是身体力行、自我实践了一把武汉学院的校训“解行并进”。当你面对一个个选择时，答案是未知的，恐惧与迷茫由此而来。是迎难而上，还是随波逐流？也就是一念之间。只有直面问题，努力探寻真相，勇敢面对，才能产生勇气和智慧。

武汉学院的成长，也要跟社会同步。办学要一只眼睛盯住学校、教育本身，另一只眼睛开眼看世界，对未来变化保持感知。

三、游历见闻与感悟分享

每年我都要去世界各地走走，保持对世界与未来的好奇和连接，并与武汉学院师生分享。2018 年我和太太去了约旦，探访了难民营。难民营收留了叙利亚的难民，每个人每天只能领到四张饼。下面三张图片，左图中这位难民大爷对我们说，不够吃呀，六张饼才能吃得饱；右上图中这些领饼的孩子们，有着纯净、充满渴望的眼睛，眼神却带有一丝怨、一丝伤和一丝愤，着实令人难过。唯有看到难民营学校墙上孩子们画的画，才感受到他们对未来的希望。

在约旦，我们也去看了“世界新七大奇迹”之一、世界文化遗产——佩特拉古城。古城宏伟壮观又历史悠久，时空感让人觉得自己很渺小。我们还骑着骆驼漫步在 Wadi Rum。因为曾经有科学家说这里的环境地貌是地球上最像月球的地方，所以这里又有个浪漫的名字“月亮谷”。

▶ 陈一丹先生探访约旦难民营

▶ 陈一丹先生游览佩特拉古城（左图）和月亮谷（右图）

2018 年的冬天，我在加拿大参观了多伦多大学和麦吉尔大学。这也是我的习惯，看看世界上其他国家的好大学是怎么做的，了解一下学校，在校园里走走，希望对于武汉学院能有所启迪和帮助。

2018 年，第一批“00 后”成年进入大学，在座的也许就有“00 后”。根据 2010 年中国人口普查数据，“80 后”人口的总数约为 2.28 亿，“90 后”约为 1.74 亿，“00 后”约为 1.46 亿。人口数字下降意味着入学人口的减少，这就意味着未来的招生可能更多转向学生选学校，一批办学质量不高的学校可能就在这一浪潮中被淘汰。我们要有时代的紧迫感，保持内心的使命感，不忘初心，上下同心，以此为契机，把武汉学院的建设推向新的高度。

最后，我想分享一个小故事。

皮格马利翁是希腊神话中的一个国王，也是个善雕刻的匠人。他用神奇的技艺雕刻出一座美丽的象牙少女像。在夜以继日的工作中，皮格马利翁把全部的精力、全部的热情、全部的爱恋都赋予了这座雕像，每天赞美“她”，向神乞求让“她”成为自己的妻子。最后，爱神被他打动，赐予雕像生命，让他们结为夫妻。

1960 年，哈佛大学的罗森塔尔博士曾在美国加州一所学校做过一个著名的实验，证明了在教育领域，正向的期望和赞美能产生奇迹，并称之为“皮格马利翁效应”。

苏格拉底说过，教育不是灌输，而是点燃。希望老师对待教学有匠心精神，对待学生饱含热情、有师道精神，管理团队也把

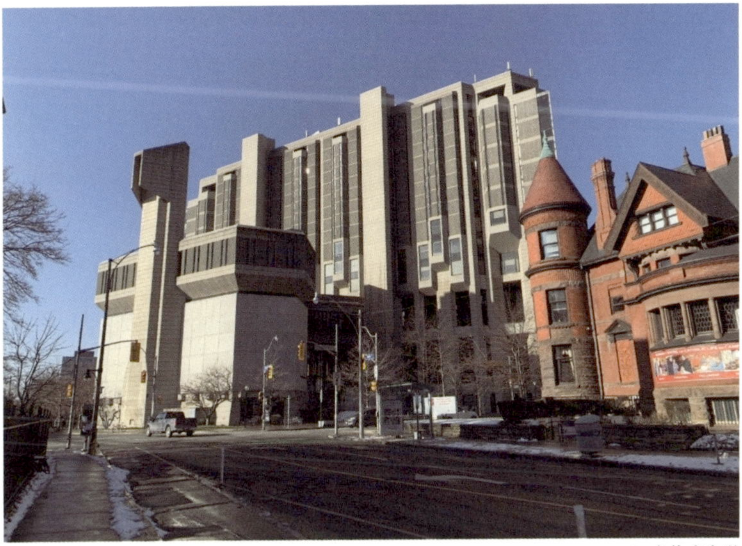

▶ 多伦多大学

▶ 麦吉尔大学

学院当成自己的作品，全情投入。人人做黄家湖畔的“皮格马利翁”，成为武汉学院的主人翁。我相信美好的事情一定会发生。

集明师之愿力，弘明生之未来！愿广行深，切愿力行。老师们，吾之愿，乃愿你之所愿；同学们，吾之愿，乃愿你之未来。

谢谢大家，祝大家新年快乐！

2019 年 1 月 14 日

团结谋发展　齐心护春芽

——在2019年度“陈一丹奖教奖学金”颁奖典礼上的讲话

亲爱的老师们、同学们：

大家好。每当我站在这个讲台，总是感慨时间过得太快。“匆匆岁云暮，又见早梅芳”，又是一年一度的颁奖时间。很多教师和学生在2019年通过努力取得了丰硕成果，我首先表示祝贺。同时，我还要祝贺我们武汉学院过去一年在软件、硬件建设上取得的喜人进步。

一、谈软硬件进步、体制改革

1. 硬件建设

首先是硬件上我们肉眼可得见的改观。校园周边环境有极大的优化。去年由于军运会就在附近召开，我们学校的周边环境也由此获益，以前那些碍眼的高压电线都埋进地下了，路面景观得到改善。加上地铁的开通，师生出行也变得方便很多。

过去我们校园内很美，但一出校门就尘土飞扬，加上缺少各种配套设施，师生们的生活极为不便。最糟糕的是，因为地铁及其他市政设施施工，过去经常停水停电，一停就是几天，每当停水停电，就被学生“吐槽”为“大逃亡”。我想，这里有自嘲的成分，但我看到的，更是乐观主义的精神。当这段筚路蓝缕的时期过去，过往的种种不方便反而化成一种难忘的集体记忆。我们的学生没有娇生惯养，尽管条件艰苦，大家乐在其中，坚持学习。对于师生们的理解和配合，我借此机会也表示感谢。

▶ 校园周边环境优化前

▶ 校园周边环境优化后

校园环境、办学环境，我们和学校管理团队实际上一直都在想办法努力改善。教育不仅是“教”，更重要的是“育”。“育”就要有个好的环境。校园规划对学习会产生潜在的作用，就是所谓的“境教”，学生在优质环境下感受到学习的气氛，能起到潜移默化的作用。就像新图书馆落成后，受到同学们欢迎，很多同学都是到图书馆闭馆才结束学习。这就是一种相互促进。

校园环境分为硬件及软件两方面，刚才我们谈到硬件环境的改善。下面我想重点谈一下我们过去一年软件环境不是肉眼可见，却更为重要的改变。

2. 软件建设

过去一年，是我们建校以来又一个里程碑式的年份。我们培养了转设成功以后的第一届毕业生，各特色班的毕业生就业态势良好，比如腾讯班毕业 25 人，其中两人考入“211”大学读研；全校毕业生总体就业情况不错，七人入职武汉腾讯教育科技有限公司，还有同学入职 VIPKID 等国内知名 IT 企业。我想这是给师弟师妹们开了个好头。

更重要的是，2019 年是武汉学院“现代大学制度完善年”。在校董会领导下，李忠云校长带领学校管理班子对学校进行了一系列改革，进一步理顺内部管理机制，优化调整内部组织机构，建立起高效、精干、顺畅、便捷的管理体系和运行机制，构建符合民办大学定位和特色的现代大学管理体系。2019 年上半年，学校修订完善了《武汉学院章程》，进一步厘清举办方、校董会、校长行使权力的边界问题，确立了校党政联席会议决定学校重要事项的制度；下半年，学校全面启动管理制度修订工作，目前已修订出台210多项制度，制定出台新的管理制度28项，制度建设趋于完善。学校同时对组织机构进行了调整，共撤销两个学院、十个职能管理部门；按“大部制”思路优化重组、合并挂靠，最终，职能管理部门调整为十个，教辅部门两个，教学单位七院一部。

经过调整，全校上下简化管理程序，减少管理层级，树立以服务为中心的管理理念。改革不是为了管人，而是服务。组织机构优化的同时，干部队伍也得到了优化。学校新聘任了四位教授到学院和职能管理部门任正职，职能管理部门和二级学院之间中层干部交流任职渠道打通，干部队伍力量和活力得到了很大加强。过去几年，由于人员流动性大，武汉学院出现了教职工队伍不稳定、思想波动大、晋升通道狭窄、工作积极性不高等问题。为了从根源上解决这些问题，去年学校还启动全员岗位聘任制、职员制改革。

实行职员制改革后，全校教职工实现了职业发展“双通道”并行，教师与专业技术人员职称、职级并行，管理人员职务、职级并行，力求做到“人人面前有通道，人人脚下有台阶，人人心中有愿景，人人身上有动力”。

优化顶层设计，理顺管理体系，完善运行机制，这是“打基础、管长远”的工作。此次机构改革和干部调整的整个过程，有序、规范、健康、平稳，我们要感谢领导班子的扎实工作，也要感谢广大教工的配合与支持，这也充分体现了全校教职工对学校改革发展的殷切期盼。

二、谈未来展望，防止“倒春寒”

未来几年是我们武汉学院发展的窗口期，我们要有使命感、紧迫感，办出特色、办出质量、办出口碑。

教育的根本点在于人，在于学生。如何培养学生，培养什么样的学生是一个教育工作者必须回答的问题，也是校长从事学校管理、作出所有决策的出发点，并以此为前提构建一个好的学校管理体制。

我们这次的机制改革，是服务教师、以教学为中心的改革。只有机制理顺了，我们学校发展才会有内在保障，我们的学生才会得到更好的培育。机制是硬性约束，也是大学制度中的“基础设施”。下一阶段的任务是建设好校园文化，只有拥有明确的办学理念，突出的校园文化，每个学生的潜力能够得到最大限度的发挥，我们的学校才能在春风化雨中成长。

属于我们的战略窗口期，就是未来短短几年时间，这是非常紧迫的挑战，也是非常珍贵的机遇。我们已经在无路处开出一条路来，哪怕一开始是条尘土飞扬的泥土路，只要找准自己要做的事情，就应该持之以恒。方向定了，就瞄准一个方向走，不要回头，减少损耗。

我们学校现在所处的阶段就如早春时节，大局已定，种子播下，最冷的季节也已过去，一切都朝着春暖花开的趋势发展，温度湿度明显升高，舒畅的心情也油然而生。看着满地春芽，我们要珍惜来之不易的稳定发展局面，提防春天的天气如孩儿脸一般说变就变——昨天还是春光明媚，今天却春寒料峭。这就是“倒春寒”。

一种天气，两样心情。是添加衣物，适当“春捂”，做好预防，还是消极无助，等待踌躇？武汉学院的春天，有赖各部门的共识和进取心。以负责任的心态，沟通协调，落到实处，唯此才不负阳春三月的期待。你看春芽，看似一夜之间破土而出，却是经过漫长时间的积蓄，我们对此要珍惜也要有耐心。同时我们要有坚定的信心，我们无惧“倒春寒”，积极预防，主动作为，稳定向前，毕竟春来到！

在这里我赋小诗一首，与老师们共勉:

春芽

立春尤防春寒到，

早春更护春芽生。

但使成城众志在，

乍寒乍暖笃不惊。

谈完武汉学院的软件、硬件建设，我也希望未来师生们能够加强沟通，畅所欲言，落到实处，持续改进，不断地提升我们的办学水平。尤其是我们今天在座获奖的诸位师生，你们在武汉学院，更要起到骨干带头的典范作用。

接下来，按照往年的惯例，与师生们分享过去一年我的游历见闻与感悟。

三、一年来的游历见闻和感悟

1. 哈佛（Harvard University）GAC 年会

作为新任顾问，我参加了哈佛大学国际顾问委员会（Harvard Global Advisory Council, GAC）的年会。哈佛大学国际顾问委员会是哈佛大学设立的最高顾问咨询机构，旨在为哈佛大学的全球战略建言献策。在这个年会上，哈佛的教授学者会上台讲解他们的最新研究成果，我印象比较深的是两个。第一个是哈佛肯尼迪学院的教授吉娜·麦卡锡（Gina McCarthy），她提到关于气候变化过去的宣传策略一直是“高大上”、吓唬人的策略，比如冰川融化、海平面上升之类，因为跟大众的生活体验距离比较远，收效甚微。她的建议是，我们的政策倡导和科普一定要更生活化。

另一个是来自哈佛医学院的干细胞和再生生物学教授保拉·阿洛塔（Paola Arlotta），会场上，她用一个玻璃瓶展示了六七个指甲盖大小的大脑组织。这是一种用人类干细胞在培养皿中培育出的微型“大脑”。这种微型人造大脑叫“类器官”（organoid），具有“3D”结构，通常来源于人的单个细胞，在实验室条件下经过长时间的培养，具备对应器官的一些关键特性。利用类器官，研究者可以直接分析疾病的生物特性和机制，并用于药物筛选、器官修复材料等方面，为理解复杂的人脑和治疗神经疾病打开新的大门。

在 GAC 丰富的会议议程中，最为核心的一环，就是哈佛全球顾问委员会的闭门执行讨论会（executive discussion）。在会上，白乐瑞（Larry Bacow）校长就哈佛大学的全球化策略、哈佛国际学生的发展以及社交媒体对教育趋势的影响等关键问题，与顾问们展开深入探讨。尽管顾问们来自世界各个国家和地区、说着不同的语言、代表多样的文化，但他们大多数都认为在全球化的今天，虽然时有紧张，大学承担的角色应保持开放，要培养面向世界、面向未来的人才，最重要的，是要开放心态，拥抱合作。

2. 芝加哥大学和西北大学（University of Chicago / Northwestern University）

因“一丹奖”美洲会议在美国芝加哥召开，我们利用参加会议之便，拜访了附近的两所名校。

芝加哥大学（University of Chicago）简称“芝大”，于 1890 年创办，由“石油大王”洛克菲勒捐资开设，是世界著名的私立研究型大学，美洲大学协会 14 个创始会员之一，常年位列各大学排行榜世界前十名。

在芝加哥大学，我们与校长司马博（Robert J. Zimmer）、新设专业——大数据专业的系主任迈克尔·富兰克林（Michael Franklin，也是 Apache Spark 的创始人）以及诺贝尔经济学奖获得者詹姆斯·赫克曼（James Joseph Heckman）教授交流，赫克曼教授非常关心中国儿童早期教育。

芝加哥大学在经济学领域享有盛誉，师资实力雄厚。芝加哥大学一共出过 13 位诺贝尔经济学奖获得者，2018 年又有一位教授获此殊荣，目前六位在职。芝加哥大学也被誉为诺贝尔经济学奖的摇篮。

▸ 陈一丹先生与芝加哥大学校长司马博（Robert J. Zimmer）交流

芝加哥大学被认为是美国现代大学的先驱，从1892年正式招收第一批大学生起，便开始了一系列非同寻常的创举。

首先，它在课程设置上采取了相当灵活的做法，允许学生既攻主修课程，又选修一定数量的副课。这种做法现在看来已属平常，但在19世纪末也算是一大创举。此外，它的行政管理从建校第一天起就把教育作为一种产业来对待，运用现代企业的管理方式来办学校，如校长的主要责任是想办法为学校筹集资金，而不是为学生上课；它规定教师的晋级取决于他们发表的学术论著，而不仅仅限于教学工作；等等。事实证明，芝加哥大学的办学方式后来为美国其他高校所仿效。

芝加哥大学第五任校长哈钦斯（Robert M. Hutchins）也是一位著名的教育家。哈钦斯提出了旨在防止学术课程和职业课程过分专门化的“芝加哥计划”，对其他美国大学的本科通识教育产生了巨大影响，他建立了沿用至今的本科生核心课程（Common Core）。

西北大学（Northwestern University），创立于1851年，位于美国伊利诺伊州东北部城市埃文斯顿（Evanston, Illinois），是一所享誉世界的顶尖私立研究型大学，也是十大联盟创始成员和北美顶尖大学学术联盟美国大学协会成员。

西北大学Executive MBA（EMBA，行政工商管理硕士）全球第一。该校负责合办本年度“一丹奖”美洲会议，会议期间，我与校长艾伦·谢帕德（Alan Shepard）以及美丽世界（Teach

For All）的联合创始人温迪·柯普（Wendy Kopp）作了交流。西北大学校长艾伦·谢帕德致力于国际关系的开放交流，为中美关系的发展不遗余力。

3. 美国优秀中学

我们之前对美国著名大学介绍比较多，除了哈佛、耶鲁、斯坦福、麻省理工之外，美国还有很多小规模的文理学院，教育质量非常高。在基础教育阶段，美国也拥有一批极具特色、历史悠久的私立中学，而且这些顶尖名校的招生竞争激烈，录取率比美国的顶尖大学都低。2019 年下半年我来到波士顿，主要访问了三所中学。

格罗顿中学（Groton School）建校于 1884 年，位于马萨诸塞州，距离波士顿 45 英里。格罗顿中学最重要的学术传统之一就是学术导师制度。每位新生入学就会有一位学术指导老师，学习和生活的任何问题都可以向这位老师请教。学校提倡人格的养成、智识的发展、领导力的锻炼，鼓励不畏风险勇于尝试，鼓励学生的自我发现和认识。

格罗顿中学主张教师应参与学生的生活，实现“把教学作为他们一生的工作”这一目标。该校以其优良的教学质量闻名全美国，优秀校友比比皆是。美国第 32 任总统富兰克林·罗斯福即为该校校友之一。

这个学校招生规模非常小，是我参观的学校当中最小的一所，在校学生只有 380 名。拜访期间，我与校长坦巴 · 马库贝拉（Temba Maqubela）进行了交流。他本人是化学专业出身，作为校长他很爱学生，阐述了学校培养学生领导力的理念，我很是认同。

迪尔菲尔德中学（Deerfield Academy）创建于 1797 年，坐落在马萨诸塞州的小镇迪尔菲尔德（Deerfield），是美国第一所男女混合学校，也是美国历史最悠久的学校之一。目前该校共有 615

▶ 格罗顿中学（Groton School）校园

▶ 陈一丹先生与格罗顿中学校长坦巴·马库贝拉（Temba Maqubela）交流

名学生，来自美国 33 个州和 25 个国家，其中有 11% 的国际学生。该校招收 9 年级至 12 年级的学生，并提供大学预备课程。该校以其高水准的课程闻名，学生以这些严苛的课程和课外活动来挖掘自己的潜能，所以该校的升学率一直都是 100%。选择迪尔菲尔德中学，就犹如搭上了进入美国知名大学的直通车。

菲利普斯安多福中学（Phillips Academy Andover）是美国“小常青藤”十校联盟之一，是美国至今仍在运营的最古老的私立寄宿高中。该学校在 1778 年美国独立战争期间成立，至今已有 240 年的历史。

▶ 迪尔菲尔德中学校园一角

安多福中学致力于建立一个鼓励不同背景和信仰的人互相了解和尊重的环境。学校认为，“仅有善良缺乏知识是软弱的，然而只有知识缺乏善良是危险的（Goodness without knowledge is weak, yet knowledge without goodness is dangerous）”。学校通过百余门课程及课外活动，对学生的头脑、身体和精神层次发出挑战，使学生能够更好地了解、挖掘自己的潜力，从而成长为最优秀的自己，为了自己也为了他人。美国《教育周刊》称其为“寄宿中学之中最精华的典范”，认为它“真正做到了在帮助学生准备大学生活的同时全面塑造学生的人格”。

访问期间，我与安多福中学校长约翰·帕尔弗里（John Palfrey）进行了交流，了解其学校历史、校训“NON SIBI”（拉丁文，意思是“不自私”）的意义以及创新，该校的“校中校”深度教学课程让我印象深刻。安多福中学在学校内设立唐学院（Tang Institute at Andover），为学生提供跨学科、合作为本的学习环境。他们致力于启发深度学习，启发包容性学习，启发参与式学习，启发反思性学习，启发互联学习（inspiring deep learning，inspiring inclusive learning，inspiring engaged learning，inspiring reflective learning，inspiring connected learning）。比如说，在某一周期，学生可能集中探索和食物链相关的议题，讨论诸如“肉食还是素食”（营养学和社会学）、“如何生产食物”（工程和管理）、“气候变化的影响”（物理、生物、气象）等问题。在学习过程中，学生还需要运用

▶ 陈一丹先生与安多福中学团队交流

电脑和市场学的知识，再加入新闻学的“说故事”技巧，向同学汇报有关厨余处理的学习成果。整个教学过程中，安多福与多家当地和国际机构合作，为学生安排如森林徒步、烹饪课、耕种日等活动，让学习不再局限于教室内，通过不同实际的试验和学术讨论，帮助学生学会独立和批判性思考，找出不同问题的解决方案。令我印象深刻的还有，当学习“二战”时期的历史课题时，不同国家的学生有不同的理解，他们要各自去搜集资料、辩论并验证。

这个创新的教学模式也突破了教学最大的限制——时间，打散了原本刻板的课堂时间表。每年安多福中学都会邀请教职工提交议题计划书，老师之间可以合作安排某个议题的课程内容。“教育”不只局限在学生身上，老师也要重新思考“怎样才是最合适的教育”“怎样的内容、工具、环境、活动才能让学生拥有最全面深入、最有效的学习体验”，而不是“我要怎样在我仅有的教学时间里把书教完”。

安多福中学的使命是“做一家符合公共利益的民办学校”，和我们武汉学院很像。他们的创新带给我很多启发。

4. 西双版纳野象谷

在西双版纳州热带雨林保护基金会负责人陪同下，我们参观了野象谷。

由于人类活动影响和环境气候变化，大象的生存空间急剧减少，栖息地破碎化并不断消失，非洲象与亚洲象数量大幅度减少，大象的生存受到严重威胁。

我国目前野生亚洲象仅有 300 多头，是大熊猫数量的七分之一，仅分布在云南的西双版纳、普洱、临沧等地。所以这是非常珍稀的物种了。野象谷区域亚洲象比较集中，周边常年有 12 个家族的约 100 头野生亚洲象活动。野象谷不仅是一个可以安全地近距离观测到野生亚洲象的生态综合保护地，也是中国唯一一个救援野象并进行繁育研究的科研基地，让社会公众能够更好地了解亚洲象，保护亚洲象。

▶ 中国云南亚洲象种源繁育及救助中心

▶ 陈一丹先生参观野象谷

我们还去到勐养镇一个叫曼掌村的村寨，这是一个有 500 多年历史、以傣族为主体民族的特色村寨。“曼掌村”在傣语里就是“大象村”的意思，在古时有多个曼掌村，专门为傣王饲养大象以备坐骑。今日，曼掌村早已远离养殖大象的古业，村口高高的菩提树下，依然保存着喃香古井、特色傣陶和村村都有的“寨心”，鸡犬相闻的古村风貌，吸引了众多游客。

大象的栖息地越来越少，大象也变得急躁，甚至出现伤人的情况，而野生动物一旦伤人，就会形成终身的习惯。所以保护野生大象也是保护村民。有时大象受伤，或者“发疯”失控，只会给人类两分钟的时间来反应。

我们到了一个叫香烟菁村的新村，在这里为了避免人象冲突，人们做了种种努力，人为设置了防象栏，三米高，把村子围了起来。

西双版纳过去为了发展经济作物，砍伐森林，大片种植橡胶树。因为西双版纳的橡胶树已经成为一种战略物资，需要保障其种植面积。橡胶树就像桉树一样，是“抽水机”，会导致生态多样性的退化，让野象失去庇护所。当然这几年生态多样性正在逐渐恢复。西双版纳州热带雨林保护基金会的负责人告诉我，保护野象是一方面，更重要的是保护大象的栖息地，保护生态多样性。我们登上基诺山，发现每家都种下了一棵树。

在这里我也向师生发出一个倡议，关注环境保护。

▶ 陈一丹先生参观曼掌村

▶陈一丹先生在西双版纳植树

西双版纳·野象谷倡议

古有曼掌村，

今有野象谷。

多样栖息地，

人人爱呼吸。

5. 阿尔卑斯雪山之旅

去年年底，趁着海外求学孩子的大学假期，我与家人去了阿尔卑斯山的高雪维尔旅行休息。一年到头，一家人年底聚在一起有聊不完的话题。恰好天气转晴，我兴致高昂地写下了一首小诗：

高雪维尔的十二月二十五日

雪山清晨满光霞，

三千白练挂青纱。

飞滑直降辟开雪，

两道弧痕滚滚花。

▶ 阿尔卑斯山雪景

回程的路上，飞机舱外景观神奇，我赶紧写下一首小诗以作记录：

空中黄昏

一道霞光云海平，
半弯月牙巧遇星。
红橙黄明通透紫，
亮得蓝夜似天青。

老师们、同学们，春天到了，很快就是农历新年了。预祝大家在新春佳节与家人相聚愉快，身体健康、阖家幸福！我也以此两首小诗辞旧迎新，祝愿我们的大学，新的一年更美好，百尺竿头，更进一步！

2020 年 1 月 10 日

▶飞机舱外的神奇景观

步履不停　安心成长

——在 2020 年度“陈一丹奖教奖学金”颁奖典礼上的讲话

亲爱的老师们、同学们:

又是一年春意早。首先祝贺此次获奖的师生，非常遗憾不能亲自到场祝贺。大家过去一年所经受的考验、所付出的努力，我感同身受，记挂于心。在此道一声：大家辛苦了。

过去一年是尤为特殊的一年，不能忘记。去年的此时，武汉正处在风暴的中央，一场始料未及的疫情袭来，但是我们英雄的城市，坚韧的师生，取得了抗疫战场的逆转，可歌可泣。

疫情给我们的生活带来了不同程度的改变，我也不例外。每年年终是“一丹奖”在香港颁奖的日子，2019 年，基金会决定，颁奖改为到获奖人的所在地，所以 2020 年年初，我第一次出访颁奖。

我们第一站到访的是孟加拉国首都达卡，颁授2019年度“一丹教育发展奖”。法兹勒爵士9月获得该奖，但不幸的是他在颁奖礼前过世了。

令人尊敬的法兹勒爵士于1972年创立了BRAC（“跨社区资源建设”），致力于通过教育来帮助贫困的人群。他坚信教育并非仅仅关乎学校和书本。“基于游戏的快乐学习”（play based joyful learning）是BRAC的教学方法的一个基石。BRAC至今已在孟加拉国、坦桑尼亚和乌干达等地建立了超过1400所通过游戏教学的儿童早期发展中心，目前有接近40000名1到5岁儿

▶ 孟加拉国 BRAC 中心

童在这里学习。如今，BRAC 已成立近半个世纪，其影响力早已遍及全球，项目扩展至亚洲与非洲 11 个国家，每年为超过一亿有需要的人士提供支持。

我们在 BRAC 办公室将“一丹奖”授予法兹勒爵士的家人。我们还到法兹勒爵士的墓地悼念，以示敬意，感谢他为孟加拉国和其他发展中国家开创崭新教育格局、推动教育发展提供经验。孟加拉国人口众多、经济落后，且贫富差距巨大。BRAC 的实践带给了世界信心，特别是为那些最贫困的弱势群体带去了希望的火花。

▶ 陈一丹先生将“一丹奖”授予法兹勒爵士的家人

在为期两天的达卡之行中，我们参观了一间位于 Banani 贫民窟的 BRAC 学校和一间位于 Banasree 的早期儿童发展中心的游戏实验室。

▶ BRAC 早期儿童发展中心室外

▶ BRAC 早期儿童发展中心室内

▶ BRAC 早期儿童发展中心

我抵达达卡就是晚上了。第二天，早上 5 点半，我在睡梦中听到街上的喇叭喧闹声，就此醒来。下午 5 点，我们来到乡村道路上，满目白烟滚滚，原来是在杀虫驱蚊。因为当地湿热，蚊虫很多。我们白天经过集市，也看到红胡子的大叔，骑着三轮车满街跑。

除了这些风情之外，这边最让人难以适应的，是贫富悬殊本身带来的冲击力：一边是有一些垃圾遍地、污水横流的贫民窟，各种临时搭建的小窝棚，层层叠叠；街对面或者隔不远就是高档的商业区、公寓楼，甚至是酒店。两者混在一起，打开门就是极端贫困，关上门就像到了发达国家。

▶ 孟加拉国达卡集市

▶ 孟加拉国达卡集市

这是怎样一个国家？

孟加拉 1971 年才独立建国，人口 1.6 亿，是世界第八大人口大国。达卡拥有近 1200 万人口，而且年轻人很多，这也带来一些就业问题。孟加拉国自然灾害频发，也背负着一些历史负担，现在也还有难民问题。但总的来说，这是一个非常有韧力、有潜力的国家。

BRAC 正是基于当地的国情社情，认为不该让穷人产生持续依赖协助的心态，而要协助穷人发展能力，让他们能够自主掌握自己的命运，由此重视更长远的社区发展，创办了相当多的社会企业，包含养殖企业、餐馆、零售商店、私立大学等。比如下图这张在自营市集上卖的红毯，还有一些地方特色的产品，就是他们研发出来的支持项目的产品，受到当地人的欢迎。

▶ 这张在自营市集上售卖的红毯，就是 BRAC 资助项目的产品

当你站在嘈杂的鱼市上，站在简陋的竹桥边，看到那些熙熙攘攘的人群中或年轻或沧桑的面孔，你就会真切地感受到这就是教育的现场，也看到了改变世界的潜能。

3 月 10 日，我们赶赴英国，向剑桥大学的乌莎 · 戈斯瓦米（Usha Goswami）教授颁发 2019 年“一丹教育研究奖”。

戈斯瓦米教授是一位研究神经科学、读写行为与教育的世界级学者，是剑桥大学认知发展神经科学教授和剑桥大学圣约翰学院院士。戈斯瓦米教授的科学研究成果，可以让教育工作者了解大脑的功能机制，并据此制定不同的教学策略，运用不同的技术及工具帮助有读写障碍、学习障碍的儿童更好地学习语言。

▶ 陈一丹先生向乌莎·戈斯瓦米（Usha Goswami）教授颁奖

颁奖典礼是在剑桥大学里面的菲兹威廉博物馆（Fitzwilliam Museum）举行的。剑桥大学总共有八个博物馆，菲兹威廉博物馆是一家艺术和考古博物馆，也是其中最大的一家博物馆。该博物馆建于 1816 年，由爱尔兰的理查德·菲兹威廉（Richard Fitzwilliam）爵士捐助建立。菲兹威廉是剑桥大学校友，他继承外祖父马修·德克尔（Matthew Decker）的遗产修建了这座博物馆，捐赠给剑桥大学。

很有意思的是，博物馆里很明显的位置，包括入口处，都有大大的菠萝雕塑，栏杆也包含了菠萝造型。

▶ 陈一丹先生在菲兹威廉博物馆门前自拍

这个艺术博物馆和菠萝有什么渊源呢?

原来，菲兹威廉的外祖父是一名“菠萝大亨”。当时，菠萝这种我们如今很常见的热带、亚热带水果，在英国是财富和地位的象征，只有皇室成员和超级富豪才可能享用。马修·德克尔发明了利用煤来加热，类似现代温室大棚的技术，第一次实现在英国本土种植菠萝，也由此积累了巨额的财富。

这个博物馆藏品体系完整，有提香、罗丹（文艺复兴时期画家）的画作，莫奈的印象派作品，中国、日本、韩国的瓷器，还有各种古书籍。

博物馆建立之初，藏品其实并不十分丰富，但校友、富商持续捐赠，每一任博物馆馆长不断筹资、丰富充实馆藏，使博物馆达到了今天的规模。

这个事情本身很有意思：一个富商靠技术发明，满足人们的需求而积累了财富，他的后裔又把这种物质财富转化为人类文化的结晶，并捐赠给母校，进而通过一代代人的接力，持续丰富、发展。

这一次出访期间，新型冠状病毒正在全球蔓延，新冠肺炎疫情已经成为百年罕见的全球性挑战。在英国的时候，各种气氛都比较紧张。那天颁奖之后，我深夜未眠，抬头看见明月当空，万家灯火，思绪万千，写下了一首《剑桥的月光》。

▶ 剑桥的月光

剑桥的月光

来不及看那康河与康桥，
直卷入有序的紧张；
深夜抱眠不睡，
唯见那一圆温暖的月光。

月在人安定，
光柔润而和平；
动荡的世界里，
你是除去焦虑的那一份心安；
人间多疾苦，
你是抹去恐惧的那一抹希望。

看那家家灯火，
愿望一样有光；
人间烟火处，
祈愿发出了光芒。

同样的月光，
地球转了一圈就都能照见，
照见处处，
照见人人。

回归吧，

我们都是地球的孩子；

回归吧，

人性自然有光。

在英国颁奖后我就前往美国。我曾有个计划，准备在斯坦福大学开展一个短期访问学者项目，而此时疫情在全球愈演愈烈，我决定中止这个短期访学。在返回中国途中，恰巧在飞机上遇见了北极光，这也是我第一次看见北极光。极光绚烂而宁静，神秘且壮观，很难用照片或者语言呈现，我只能惊叹于宇宙自然、地球母亲的伟力。

当时我在飞机上也写了一首诗，来纪念这个景象：

空中极光

夜映淡绿云团影，

漆黑长流溢彩形。

星河灿烂出其里，

穿梭任意无栏凭。

▶ 空中极光

2020 年的大部分时间，其实我都待在家里，因此也有更多的时间和家人在一起。孩子待在家，不能和老师同学互动，虽然可以网上学习，但情绪难免有些沮丧。在晚上吃饭的时候，我们就互相鼓励。在我们家，专门设立了一面感恩墙，每天我们把感谢的话、做对的事写下来贴上去，也跟大家分享。我们也会找时间一起去山野远足，到海边看看海鸟。每个人都在努力适应疫情里的特殊生活，我特别感谢太太，因为在这段疫情期间，她花了很多时间，用心照顾好家人，也让我可以凝神工作。

教育不能因疫情而停下脚步。我在家主要在书房里，通过云端、在线会议推进工作。很多时候，就像这次一样，通过视频和大家见面，也通过教育来创造一个更美好的世界，这是我们的使

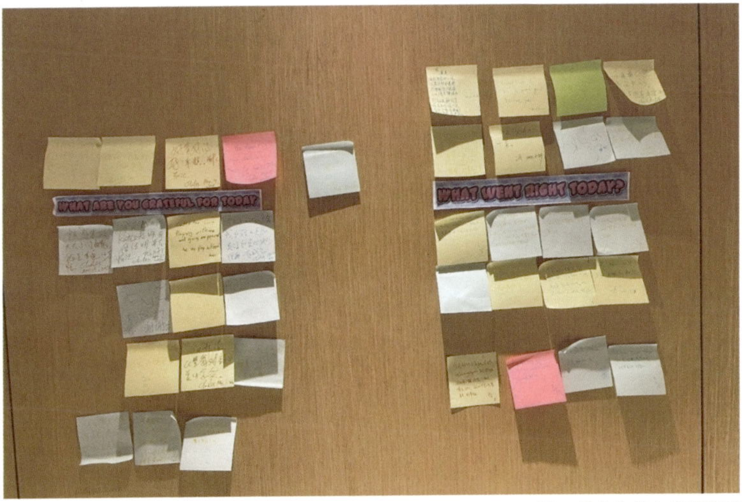

▶陈一丹先生家中的感恩墙

命，而这个使命落地需要做大量的工作。

2020 年年底，第四届“一丹奖”颁奖典礼我们没有停办，虽然有疫情，我们在线举行，通过网络为两位获奖人颁奖。也是在这一次颁奖典礼和峰会上，我们宣布了“一丹奖明师堂”的成立。“一丹奖明师堂”首批汇聚了 16 名世界顶尖专家，包括研究学者、教育家、脑神经科学家、心理学家、经济学家、统计学家和前沿的创新领航人等，通过他们的理论和实践，一起合作推动全球教育的进步。

回到我们武汉学院，武汉学院过去一年是很不容易的。虽然难，但学校各项工作都没有停顿。学校疫情防控到位，线上的教学开展良好，学生的学习得到保障；教职员工们积极准备迎接本科教学合格评估和学校“十四五规划”的编制，教育思想大讨论如火如荼；而教师周转房，也就是教师公寓等基建项目也在顺利推进。我看到“云毕业典礼”上，校歌声中透露的希望；也看到“99 公益日”，武汉学院学子对社会的关爱；我更看到 2020 年新生开学典礼上，整齐的队伍、昂扬的精神。

“大鹏之动，非一羽之轻也；骐骥之速，非一足之力也”，我希望全体师生，大家上下一心，继续向前。感谢老师和同学们，预祝大家新春愉快，阖家安康！

2021 年 1 月 15 日

历年武汉学院毕业典礼上的致辞

武汉学院于2003年经教育部批准成立。2009年，陈一丹先生捐资成为中南财经政法大学武汉学院的创办人，并在办学许可证中明确武汉学院“出资者不要求取得合理回报”的公益办学性质，开启国内非营利性公益民办大学的先河。2015年，经教育部、湖北省人民政府批准，原中南财经政法大学武汉学院转设为独立设置的民办普通本科高校——武汉学院。武汉学院实行公益办学，依靠社会力量发展。2016年，“湖北一丹大学教育发展基金会”完成首轮共建基金募集，致力于支持武汉学院的持续建设和发展。2017年，陈一丹先生任武汉学院校董会主席。

自2013年始，陈一丹先生坚持每年毕业季亲临江城，在武院学子们结束学校教育，开启社会教育的关键时刻，寄语他们在毕业后继续秉持“明德创新，解行并进”的母校精神，向他们表达最真挚的祝福。

人生就是弹指一挥间

——在 2013 年武汉学院毕业典礼上的致辞

亲爱的老师们、同学们:

今天是学院首次举办毕业典礼，不仅同学们激动，我看到校领导和老师们都很激动。

这是我第二次在毕业典礼上发言，上次是在 1993 年，恰恰是 20 年前，作为一位毕业生代表发言。当时条件远没有现在好，比如同学们穿着统一的学士服或整齐的着装，老师们穿着儒雅的导师服，在今天看来很普遍、最正常不过了。当时我的学校只有校内照相馆里有几套学士服，拍个人毕业证照时可以穿一会儿，拍完就得挂回墙壁上了。翻看我毕业时的集体照，无论是校长、老师还是学生，穿的都是平时的衣服，也不错，是对当时很真实的记录。那次上台发言，具体什么内容我已经忘了，大意是走出社会了，我们要努力投身社会。后来腾讯几位创始人一起聊过这个场景，他们说只记得我在台上很激昂地讲，讲的是什么听不清，声音很大，还有点傻。

我不想再犯傻一次，拜托麦克风，各位听得清楚吗？有 20 年前听不清楚的经验也好，这次如果能聚焦讲透一个点就如愿了。

快乐幸福的过程就是成功

讲一个什么点呢？通常而言，毕业生走出社会，人们必定要鼓励你们贡献社会，追求成功。

但什么叫成功？每个人的定义都不同，因为每个人的成长环境、价值观不同，想要追求的东西也不同。记得大学毕业后，我工作不久就到大连出差，参加一个石油检验学习班。同行的处长是故地重游，她跟我们说起在大连设立实验室的事情，说起怀着孩子还继续做实验的事情。年过五旬的她感叹道："仿佛就在昨天呀，小陈，20 多年了，弹指一挥间呀。"

同学们，当你们踏入大学校门的时候，是否也充满憧憬，还不到"一弹指"，今天就毕业了。讲这个，大家都是经历过来的，应该有所感受、有所体会，细想一下，如果不考研，各位学子的校园生涯就到此结束了。也许此刻，同学们的这个感觉还不强烈，毕竟还有一个更广阔的社会大学在等着大家。一个星期前，我和母校 89 级化学系同学举办毕业 20 周年聚会，老同学们都以前所未有的热情投入到筹备、策划、组织、彩排、赞助中来。正式活动那天，教过我们的系老师都来了，参加的同学也是在毕业后从未这么齐过。一位老同学发出感慨:“20 周年所有人都健在，希望 30 周年相聚的时候人也能到齐。”

我也看看自己，大学毕业到现在整整 20 年了，工作、创业、结婚、生子，居然还在三个月前“退休”了，也是弹指一挥间呀。下一次“弹指”，也许就是在进坟墓前剩最后一口气的时候了。

人生如此匆匆，我们追求什么呢？成功，没有绝对的标准，如果有两位成功人士在你面前，一位拥有别人眼里的成功，一位拥有他自己心目中的成功，哪一位的成功更真实呢？如果成功是按结果来论，通往结果的漫长过程在人生中又是什么呢？如果成功是按过程论，结果是否重要呢？

大学毕业三年后，一到法定晚婚年龄我就结婚了。本来打算在太太生日那天办理结婚登记，由于没有经验，不熟悉流程，三天后才办完手续领取了结婚证。也好，以后家庭可以过两个纪念日了。结婚后，我骑摩托车上班，太太坐中巴上班，下班后一起吃吃饭，日子过得清淡，也过得踏实。这是我一直想要的生活状态，和自己的爱人一起过日子，再也没有比这更好的生活了。

大学毕业五年后，我离开了稳定的第一份职业，与知根知底的伙伴们一起创业。我们遇到的困难很多，棘手事情一件接一件，外界看来这个创业过程是很艰辛的。是的，是很不容易，但在我的内心深处，其实是很安定的，甚至可以说是很快乐的，因为这是我一直想要的工作状态。与志同道合的伙伴朝着目标一起努力，还有比这更好的工作吗？

所以，我的体悟是，成功是一个过程，并非那个想象中的结果，也并非外界评价的那个结果。如果我们按照自己的理念工作、生活，在过程中是快乐的、幸福的、踏实的，那就是成功。

当初创业，我没有想到腾讯的今天，我们只是朝着一个方向前行。每一个阶段性的问题，我们都积极去面对，每一个阶段性的目标，我们都积极去争取。我们认真做事情，也很努力，有时还很紧张。但事情归事情，内心清楚明白，这是在做事，大家一起面对就是了，内心大体还是保持安定和平静的。

真正的快乐求诸于心

也许有同学问，人生既然是弹指一挥间，那赶紧抓紧时间享乐呀。听起来话说得没错，人生追求的，就是快乐。那什么是快乐呢？是拥有很多的钱吗？其实钱多本身不会带来快乐，而有足够的钱可以让你财务自由，为实现你想要的快乐提供条件。

我们往往会看到这样的现象：钱满足了一个又一个的欲望，人们以为这就是快乐了。其实，这是误解呀，这时享受的不是乐，是刺激，是感官和心理欲望的刺激而已呀。这个刺激短暂满足后，又不快乐了，说明这不是真正的快乐。

真正的快乐，是发自内心的持续的绵绵不绝的喜悦，是面对纷纷扰扰时内心的平和。无论人生处于高峰还是低谷，处于顺境还是逆境，内心都有主宰。我们要受用的应该是这样的“真乐”。

“真乐”在哪里寻呢？不在外头，在自己的心头。大家都熟悉《大学》中的一句话：“大学之道，在明明德，在亲民，在止于至善。”以前，我一直不理解老祖宗为什么教我们“止”，人生追求不是无止境的吗？人类追求物质文明和精神文明不是无止境的吗？是的，因为有对做事情的追求，对修养和阅历的追求，人是需要不断学习和提升的。古语讲得好，“活到老，学到老”。作为莘莘学子中的一员，尤其需要养成终身学习的习惯，在一辈子的学习中“臻于至善”。但古语的下一句是“学不了”。为什么“学不了”？一生都学不完呀，说得很对，知识智慧哪能学得完呢？“学不了”还继续学吗？学呀，把学习作为人一生的过程，在内心树立这个信念不变。

待人处事都“止于至善”“安住于至善”，把这个道理弄明白了，通晓了，也不枉我们将“明德”作为学院校训的第一个词。守的道不会变，也就是人生路的方向不会变，说的就是止于此呀。“明明德”，是自己内求做人做事的道理；“亲民”，是将能力贡献于社会，人生这个方向对了，即使过程中遇到什么风云变化，心都安住在“至善”。对于弹指一挥间的人生，古人的智慧很受用呀。

人生安住在“至善”里头，心中就有了主宰，内心自然就保持安定和平静了。

每个人都有自己的精彩

无独有偶，今年初，在与福田区合作一个教育改革项目的签约会上，我又一次听到了这个词。合作双方聊到了对签约项目的预期这个话题，大家都希望三五年内能出一些短中期的改革成果，我提出教育事业需要用足够的耐心和投入来做，用十年时间出一个好的效果。这时区领导缓缓道:“十年？很快的，一丹，就是弹指一挥间的事情呀。”笑谈声依然，我内心却产生了强烈的共鸣：弹指一挥间呀，想给父母、家人和朋友带去一些快乐，也没多少时间呀。想对社会做出一些贡献，时间也是如此的匆匆，时不我待。

人生就在这么弹指一挥间，无论处在哪一个阶段，都是独一无二的，是当时最真实的阶段。做好现在这个阶段，体验现在这个阶段的过程，就是真正的人生。

明白了人生过程就过得心安，知晓了人生过程就过得有目标。每个人都有属于自己的成功，都有自己精彩的弹指一挥间。

“倒推人生，解行并进”，心中有主宰，就不会疲沓。有解没有行，马马虎虎，空过一生；有行没有解，营营役役，“盲”碌一生。

人生就是弹指一挥间。

同学们，祝贺你们毕业！祝福你们未来在正确的道路上边走边唱。

2013 年 6 月 18 日

请带着感恩的心情走向社会

——在2014年武汉学院毕业典礼上的致辞

亲爱的老师们、同学们:

大家好！又到了一年的毕业季，首先祝贺同学们学成毕业了，同时也祝福毕业的同学们无论是工作还是读研，都开启一个美好的将来！

上星期，我和太太参加了一个家长朋友们相聚的晚餐。其中一位妈妈分享她女儿即将中学毕业，参加了学校的“学生领袖”选拔。学校每年从毕业生里选出男、女“领袖生”各一名，从学生推举投票，到老师不记名投票，最后各选出三位候选学生，再由校长、副校长等组成的委员会评审选定。家长妈妈说，女儿入选为候选人了，其中要参加一个演讲环节，她女儿在演讲中说道:“也许我不是最优秀的学生，但我是最爱学校，最感恩学校的学生。之前，我去了英国一年，很不习惯，很想念原来的学校。

原来的同学经常给我发鼓励的信息，这成为我在英国支撑下去的动力和期望。在英国学习一年后，其实还有很多离开的同学想考回去，但只有我考了回来。所以每天，我都以感恩的心看待这所学校。当有些同学抱怨学校这样不好那样不好的时候，我都觉得学校很好。我能回来就很好了，我特别快乐，特别感恩，学习也很快乐，做学校的学生服务工作也会让我很快乐。所以为了学校的事情我都愿意真诚去付出。我爱这所学校。”当提到如果当选“领袖生”如何为学校服务时，朋友的女儿也一一阐述，从动员家长参与学校服务讲到积极推广学校形象，体现了其优秀的素质。

演讲完毕以后，校长跟朋友的女儿说:“虽然我们考量‘领袖生’的环节和角度会很多，但在演讲这个环节，你打动了委员会所有的成员，这个环节你是表现最出色的。”

是呀，哪有比真诚更能打动人的呢？哪有比感恩更让人温暖的呢？所以面对毕业的学子们，我送上两个字：感恩。

“感恩”在牛津词典里的定义是:“乐于把得到好处的感激呈现出来且回馈他人。”根据这个定义，同学们首先要弄清楚的就是我们究竟从武汉学院得到了什么好处。环顾一下四周，我们不得不承认，武汉学院不是最优秀的民办高校，没有最好的条件，旧校区甚至相对简陋，这都是非常客观的事实。但就是在这样的环境下，学校的老师们，仍然用心教学，全心培养大家，我们看到的是一种超越自我的努力。我们也看到，为了实现学校更美好的愿景，校方做了更大的投入兴建新校区，教师们付出更多的精力在学校的转设工作上。

在这里，我希望你们在感谢老师、感谢校方的同时，更要感谢你身边的同学。大家看到了吗？在这个校园里，同学们为实现自己的理想在努力，相互支持，积极影响，让我们这所学校充满了自强不息的浓厚学习气氛。同学们的自强不息，带来了很好的学习成果，今年的毕业生里有 110 名考研获得录取就是一个很好的例子；今天同学们聚首在这里举行毕业典礼，就是整体的例子。因此，在这里，我有个提议，同学们，我们可不可以拥抱一下身边的同学，感谢他们在成长岁月里相互陪伴？接下来，在老师身边的同学们，可不可以拥抱一下我们身边的老师，感谢他们的用心培养？

当我们走出学校大门，进入社会，总会有不同的际遇：有些同学出国深造，有些同学国内读研，有些同学已获得不错的工作邀请，有些同学可能还在寻找机会，而有些同学可能已经准备创业。不管我们面对的是怎样的一种未来，至少我们可以记住，在武汉学院，在这片我们双脚正站立的土地上，我们曾感受到了一种踏实、一种认真、一种坚持。

也许，我们没法像一些传统名牌学校毕业生，随时把母校的名字挂在嘴边，因为现在我们学院还不是最优秀的民办高校。但没有关系的，我们都把学校的名字放在心里，把学校的精神放在心里。同学们，你们毕业了，在校师生在校内努力，你们在校外努力。校内校外，我们共同来“明德创新，解行并进”。

感恩，让我们发展出看到美好的能力。看到所处环境中的许多好处，会让我们自然地生起感激。当我们把真诚的感激呈现出来，身边的人自然能深切地感受到。

同学们，其实学校要谢谢你们！是你们让这所学校充满了朝气；是你们走出校门，让这所学校充满希望。学校给不了大家太多，更给不了大家所需要的全部。事实上，学业、就业与事业，成人、成才与成器，家庭、家风与家业，人生的每一段路，都要靠同学们自己去走、去闯、去创造。未来的日子里，大家会收获成功的喜悦，也会体会逆境的苦涩，遇上处于十字路口的彷徨，碰到百思不解的困惑。希望大家时常记起校训精神，顺境时，脚踏实地走下去；逆境时，脚踏实地跨过去！

青春只有一次，唯愿不负年华。走入社会，我们依然感恩地对待身边的人、事、物。你有发现美好的眼睛，你有感激他人的心态，你有呈现感激的能力，你有回馈他人的意愿，逐渐你将发现，你的内心会越来越平静和从容，你身边的人事环境和物质环境会越来越好。

同学们，学校和老师都真心实意地希望你们的未来越来越好。所以，我和盘托出想法，由衷地说出祝福。祝愿同学们，带着刚刚来自“感恩拥抱”的热情，带着四年校园生活的“体温”，从武汉学院启航，进入人生下一个精彩的里程！

2014 年 6 月 18 日

启知敏行，卓见未来

——在 2015 年武汉学院毕业典礼上的致辞

亲爱的老师们、同学们：

大家好！

“南州六月荔枝丹，万颗累累簇更团。”现在正是深圳荔枝成熟的季节，很高兴来到楚天江城武汉，见证武汉学院又一年硕果累累的喜悦。今年的毕业典礼刚好是在武汉学院的转设年举办，武汉学院树立了一个新的里程碑，成为一所独立设置的民办本科高校。衷心感谢我们全体教师和教职员工，辛勤的园丁们，你们辛苦了！正是你们的付出，让武汉学院得以成功发展，正是你们的投入，培育了今天毕业站在我们面前的优秀学子。谢谢你们！

不忘师恩，可以想象此刻同学们有更多的情感要表达。作为今天的主角，武汉学院的毕业生们即将踏出校门，踏上新的人生征程。从明天开始，母校会一直关注着你们，希望将来的每一天，武汉学院都因你们而骄傲！大家都知道，在十几天前，武汉学院迎接转设有了自己的吉祥物和校树：梅花鹿和丹桂。敏捷活跃的梅花鹿意指学生富有创意，敏而好学；丹桂象征“桂冠”“折桂”，激励学生志存高远，追求卓越。吉祥物、校树寓含了武汉学院的价值观——“启知敏行，卓见未来”。“启知”即启迪智慧，传授知识，鼓励同学们思考创新。“敏行”便是鼓励同学们不仅要学习理论知识，更要勇于实践，“敏而好学，不耻下问”。而“卓见未来”则是进一步阐述了武汉学院办学的初衷和承诺：不在乎学子们过去的成绩，只着眼于他们踏出校门之后的发展。

除了大家在武汉学院新门户上看到的这些，趁着今日毕业典礼，抓紧你们还在校的最后时间谈一谈，为什么学院把“启知敏行，卓见未来”作为价值观。因为我们相信，每一位同学都是独一无二的，你的生命力，你的未来，其实更多掌握在你自己的手中。你对自己与世界的认知程度和践行程度，其实处于一种动态之中，在每一个不同的人生阶段都会不同。对于这个独一无二的自己，我们对生命的理解，我们对宇宙的理解，我们对人生的体验，我们对人生的提升，都在于我们自己，都在于我们与所处的这个世界的联系。

谈到“启”，就是启发、启迪或启示，或者说开启，这些意思都没错。打开了心灵，启迪了智慧。“启”是探索，是对世界了解和体验的渴望，是得失都愿意承受的勇气，是灵活冲破偏见和心理固有围墙的自信。

谈到“知”，古人的智慧又一次集中“爆发”了。儒家讲“知之为知之，不知为不知，是知也”。道家讲“知人者智，自知者明”。佛家讲“佛知见”。“知”，作为动词，可以是本能的认知，也可以是主动的求知；作为名词，可以是知识，也可以是智慧。

“吾生也有涯，而知也无涯。”在有限的人生中，如何“知获智”“知转智”“知同智”都是一个课题，但始终由“启”带领着，它在不同人生阶段会带你到适合自己的地方。

“敏行”，一样出自古人的智慧，“敏而好学，不耻下问，是以谓之文也”“敏于行”“敏于事”。说到“知”与“行”，自古有“知难行易”“知易行难”“知行合一”的智慧，也适合不同理解和不同阶段的不同人群。我们在动态的人生中，一直处于“启于知”的状态，始终处于“敏于行”的状态，我们怀着这种价值观，我们抱着这种态度，在不同人生阶段处于这种人生状态。

“卓见未来”，看似一种目的，实则是一种能力，也是一种状态。它是“启知敏行”自然带来的结果，也是一种印证。当你处于“卓见未来”的状态的时候，相应地说明你“启知敏行”的价值观发挥了作用。把握着自己，“mastering a changing world”。“启知敏行”的背后，是你的好奇心在驱动，即你对自己的好奇心，对世界的好奇心，对未知的一切的好奇心。“卓见未来”的背后，是你的人生在成长，你的人生在提升，你在适配自己独一无二的人生。因此我们的学校，愿意培养“启知敏行，卓见未来”的人。

培养这种价值观，大学是土壤，是钥匙，是导师，关键还在于同学自身发展出来，在同学自己的人生动态中发掘出来。大学是一个涵养灵性的地方。大学对学生的培养，不在授鱼，也不在授渔，而在授羽。授鱼不如授渔，授渔不如授羽。“授羽”指帮助大学生建立健全的人格，唤醒大学生本身具有的能力，使其能够自主去选择真正属于自己的、未来的路；帮助大学生长好、养好、锻炼好本有的“翅膀”，依靠自己成长，拥有自己“飞翔”的能力。大学毕业了，不在校园了，同学们还可以继续学习和熏陶这个价值观吗？当然可以，当你看到梅花鹿，想到梅花鹿，它在教你“启知敏行”；当你闻到丹桂香，想到丹桂树，它在教你“卓见未来”。梅花鹿是你的老师，丹桂树是你的老师，只要你会学，世界都是你的老师。

我们今天的毕业典礼，具有特别的意义。诸位学子恰在武汉学院正式转设之后毕业，所以今天你们都发有印着新校徽的“T恤”。今后无论走到哪里，取得什么样的成绩，都请记得从你们这一届起学校的这枚新校徽。

武院的青春，是无怨的青春。武汉学院是我们人生道路上的一条情感纽带，随时欢迎大家回来，来老校区怀旧，到新校区踏青，分享你们的闯荡与精彩。今年的毕业典礼，总想有一些不同。如果不反对，我可以到你们中间来吗？作为“武院”人的师兄师姐，为师弟师妹们以后的毕业典礼开一个头，好吗？

我们一起抛起学士帽，让我们的理想起飞吧。

2015 年 6 月 16 日

毕业是丈量人生的新起点

——在 2016 年武汉学院毕业典礼上的致辞

亲爱的老师们、同学们:

大家好!

首先祝贺 2934 名毕业的同学们!很高兴,大家在武汉学院转设周年之际,迎来了人生重要的里程碑——毕业典礼。祝福大家羽翼丰满,鹏程万里!

感谢校董会和校监团队,感谢各位老师的辛勤奉献。一年一度,看着毕业典礼上一张张笑脸,我想,这就是我们学校沉甸甸的丰收的喜悦!

前年我在斯坦福大学交流访问,刚好朋友的孩子也在那里读书,我问他来到斯坦福学习,最大的收获是什么?他说一间宿舍里是来自不同国家不同肤色的学生,大家在宿舍里互相讲述他们国家的各种事情,都是他闻所未闻,甚至不可理解的,这让他脑洞大开。

你们的师兄，上一届的优秀毕业生杨达同学，现为法国SIPA图片社签约摄影师，已走过近十个国家。工作后回母校分享体会时，杨达用自己在中东生活的亲身体验谈行走、见识，强调“自我完善的重要性”。

武汉学院去年在转设的时候，确定了国际化应用型大学的定位。武汉学院正在进行国际化交流和本土化实践的连接，尤其这一年里，围绕国际化，我们的师生团队进行了许多不同层面、不同领域和不同内容的国际互访交流，既开阔了视野，又汲取了经验，还拓展了合作。我相信，这些将为武汉学院持续贯彻国际化定位开一个好头。

今年寒假随老师前往美国西海岸学术交流营的，有腾讯精英班一年级的同学。吴恒昊同学说:“以前听到学校国际化办学的理念，始终觉得只是一个概念。此次交流让我真正感受到了什么是国际化，同时也深感自身的不足，今后还要更加努力。”匡伯鲜同学谈道:“美国的老师授课和国内有很大的区别，他们经常会结合自己的个人经历，以及很多形象生动的案例来讲授，以帮助学生更好地理解，课堂气氛非常活跃。”

不是每一位老师和同学今年都有机会参加学校组织的国际交流，但我们很多的师生也运用学校平台、社会资源，自己计划，在全国走走，在世界走走。师生们在行走中与交流中收获了什么？我很好奇。昨天在来武汉的高铁上，我请学校对你们各系毕业生的代表简要问卷调查了一下。

请问会计系的葛珩同学在哪里？你好。葛同学说：“2013 年参加大中华区 ACA 的毕业典礼，当时的我还是一个大一的孩子，初出茅庐，见识到如此大的场面既兴奋又紧张。看到学姐学长上台领奖时，我内心也是有一样的向往和憧憬，希望大四毕业也能和他们一样的优秀。”

请问法律系的张冬同学在哪里？你好。张同学说：“大二的时候，去过凤凰古城；大四的毕业旅行——云南丽江、大理自由行，旅行使我疲惫的身心得到了放松，在旅行后有更充沛的精力投入到学习生活中；再就是，旅行使我了解了更多的风土人情，增长了见识，受益良多。”

请问外语系的吴文婷同学在哪里？你好。吴同学说：“大学四年我去过香港、上海。旅行就是换一种心情，看沿途的风景，了解当地的人文风情，看到这个世界的美好，让自己明白这个世界还有很多未知的事情值得亲自去发现、去学习。”

请问艺术系的夏星辰同学在哪里？你好。夏同学说：“参加学校组织的写生课程时去过湖南的凤凰古城和云南的大理、丽江等地。整个大学四年最难忘的也是在这些地方，和朋友们一起爬山、在太阳下写生等，这些都是非常美好的回忆。云南多变的天气、蓝白分明的天空，普达措壮阔的美景，给我提供了很多创作的素材和灵感。”

请问传播系的周贝同学在哪里？你好。周同学说：“到过西

▶ 陈一丹先生在 2016 年武汉学院毕业典礼上致辞

安参加阳光国际交流营，和不同地区拥有不同阅历的人交流。他们的看法和经验，往往会给我很多一个人独立思考难以企及的领悟。”

请问信息系的宋丹丹同学在哪里？你好。宋同学说：“2015年11月有幸参加湖北大学生‘双育’计划培训，在桂子山上与来自全省各大高校的优秀学子一起交流，看到了当代大学生的魅力与风采，深受鼓舞。在这次学习中我感悟到要提升个人修养，也要提升学习能力，努力做到善学、善思、善谋。”

请问工商管理系的王冰同学在哪里？你好。王同学说：“2013年至2015年连续参加三届全国大学生男子篮球联赛。只有不断提升自己的硬实力，才能在挑战面前取得胜利，才能让自己在激烈的竞争中占得先机 。”

眼界开阔了，视野开阔了，心胸开阔了，未来之路也就开阔了。

常言说，行百里者半九十。人生是一段长跑，毕业是丈量人生的新起点；人生是一段远航，航行路线决定了人生的风景；人生是一段迁徙，飞行半径决定了人生的领域。无论是在人生的时间维度、空间维度还是你可触达的不同维度上，同学们，希望武汉学院不只是大家过去一程的人生驿站，更成为你们未来航行的人生支点。

解行并进，伴随一生，体验过程；解行并进，成长一生，不断提升。我期勉诸君毕业后，活出自己的人生滋味，活出自己的人生意义。

毕业了，人生的长跑开始了，出发！

2016 年 6 月 17 日

做人不妨带三分傻气

——在 2017 年武汉学院毕业典礼上的致辞

亲爱的老师们、同学们:

大家好!

每年同学们毕业的日子，我就像回家一样，回到武汉学院和大家一起共度这个欢庆时刻。今天同学们就要步入社会，去迎接新的挑战，先祝福你们一切顺利!

武汉学院经过创办初期的筚路蓝缕，如今校园建设主体完工，办学机制日益完善，过去一年也得到很多热心企业家和社会人士的支持。我想，武汉学院的主体并不是我们盖的新大楼，而是学院的每一位教职工、每一位学生，以及每一位毕业的校友。因为只有你们才能诠释武汉学院的精神内涵。我期待十年、二十年以后，甚至更短的时间，就有在座的毕业生，回来给学弟学妹作毕业演讲。

同学们，大家求学相聚长江之滨。学成此刻，或许已经按捺不住奔向五湖四海的激情。聚散有时，请允许我再唠叨几句。

第一，做人不妨带三分傻气

南开大学创始校长张伯苓先生曾说，欲成事者，须带三分傻气。我理解这“傻气”，是对己对人的真诚，是独立思考、敢于尝试的勇气，是做人做事的忠厚之道，又是遇到委屈和挫折之时的平常心。有的人活得过于精明，却失去了智慧。而“三分傻气”意味着不急功近利，不怕吃亏。

第二，无论起点高低，用心做事，不攀比物质

“90 后”这一代，你们的见识、整体素质和创造力都是很好的，你们毕业后面临的物质诱惑和考验也会很多。但是，人并不是靠买什么品牌的包、开什么样的车、住多大的房子来定义的。定义你的只有你自己，你的实干，你的精神内核。

我希望大家，无论从什么起点开始，都能用心做事。物质比不过别人，不要太在意，也不要过度追求物质，避开一些消费主义的陷阱。把时间和空间的维度拉长来看当下的生活，你会真正发现自己，认识自己。找到自己的兴趣所在、专注于自身成长，把精力放在真正值得追求的人生目标上，将会让你受益终身。

第三，解行并进、终身学习

如今的世界知识更新速度非常之快，学校只能教给你知识框架，接下来的求解、践行，只能靠你们自己。在这里，我也坦率地跟同学们说，现在我也还在上英语网络课程，也在坚持看书、做研究，每天都有新的知识需要学习。所以，我希望大家对这个世界永葆好奇心，养成终身与书籍“交朋友”的习惯，这样能够不断增进学识，也有无穷的乐趣。

同学们，这个世界很大，并且充满挑战。今天的典礼其实不仅是毕业典礼，更是人生的开学典礼。从此不再有勤勉的老师追在你们身后，不再有期末考试，你们将自己批改自己的人生答卷。

我真诚地祝福大家前程远大，人生幸福，而武汉学院永远都是你们的精神家园。

同学们，现在让我们一起抛起学士帽，勇敢启航吧。

2017 年 6 月 19 日

▶ 武汉学院毕业生抛起学士帽

思考的勇气

——在 2018 年武汉学院毕业典礼上的致辞

亲爱的老师们、同学们:

大家好!

非常高兴每年这个时候回到武汉学院，见证你们的荣耀时刻。看着你们自信昂扬的笑脸，我也为你们深深地感到高兴。首先祝贺 2018 届全体毕业生，祝福你们前程似锦!

今年是 2018 年，十年前，我们国家发生了很多大事，有北京奥运会开幕的欢欣鼓舞，也经历了汶川地震的悲痛。地震发生后，腾讯集团第一时间捐款 2000 万元，也派出队伍全力参与救灾。当时，腾讯基金会刚刚成立一年，我们也在思考，除了捐款之外，互联网能做些什么？网民能做些什么？搭建一个平台，一边连接具备公募资质的基金会，一边连接众多网友，腾讯具备这样的能力，网友也有着迫切的诉求，于是捐赠平台应运而生。在救灾期间，我们看到了互联网所带来的巨大能量，超过 30 万人次累计捐赠善款 2300 多万元，超过了腾讯集团本身的捐赠金额。

然而，当灾区转入灾后重建，我们也面临一个艰难的抉择：要不要把基金会转型为公益平台，专注做互联网公益的连接器。网友捐赠平台上线后，腾讯基金会自然而然就有了两部分工作，一个是自有捐赠资金的项目团队的工作，包括救灾团队的工作，另一个就是新生的捐赠平台的工作。在汶川地震之后，我们经过深入的思考，认为做救灾、亲力亲为做公益项目，并非我们的特长，于是下决心把重心、资源都往互联网公益倾斜，全力转型做公益平台的连接器。当时争议也很大，项目团队对已经进行的公益项目都有很深的感情，确实很难割舍，而且，转型还必然涉及人员调整，有阵痛。

灾难过后无人捐赠的情况随之而来，腾讯公益平台经过五年时间才筹款一亿元。但是我们认定，公益不应该只是大灾大难时才有捐赠和参与。中国传统文化中、中国人骨子里都有公益慈善的基因，让这些基因释放出来，融入日常生活，能够形成人人可公益、人人可参与的大环境。事实证明，当时的忍痛转型是正确的。腾讯公益平台从零起步，十年内成长为世界上最大的互联网公益平台之一，截至今年 5 月底总募款 35.8 亿元人民币，共有 1.6 亿人次捐款。

回顾过往，会有一种决定很容易做出的错觉，但我们都没有预知未来的水晶球，其实回看做决策的当时，你并不清楚事态未来将会如何发展。

今天提到十年前腾讯基金会的艰难抉择，并不仅仅是因为十周年的时间节点，更是想到你们即将跨出校园，独立面对这个世界，这是个巨大的人生转折关口。从此你们要不断地做出选择，做出决定，为自己的人生负责。

在我看来，做出选择，特别需要思考的勇气。该怎么理解思考的勇气呢？

首先，做决策，必须经历思考的过程。思考是很奇妙的，一定要花时间、有方法地去经历这个思考的过程。当然啦，也有灵光乍现的时刻，但是，通常来说，没有这个思考的过程，急匆匆地做很多决策，是很容易出错的，我自己就有很多因为太着急没思考清楚而犯错的经历。至于具体的思考方法，我相信你们都可以学习，不要因为毕业而停止学习，要抱着终身学习的心态，主动、持续地去学习。

其次，要“践行”思考。思考后的决策是不是对的，通过付诸行动才看得出来。在实践过程中，你会得到各种反馈，有的反馈证明你的思考是对的，那很好，这个正向反馈让你对于正确的思考方式有了认知。有的反馈和预期不太一致，这个时候，不是说思考是错的，只是给你一个机会去修正，去重新调整，看是要调整思考层面，还是要调整行动的层面，保持心态的开放，不要害怕试错，继续前行。解行并进说的就是这个道理。要去了解、去思考，也要去实践、去行动，两者相辅相成，缺一不可。

说完思考和行动，最后，我想说的是最深层的核心——勇气。所有的选择，既需要理性的分析，更需要内心的强大，要有勇气去思考、去实践。

我们的生活具有不确定性，做决定，尤其是在要面对自己的不足、脆弱时，或者是在逆境中做选择，需要巨大的勇气。就拿你们眼前面临选择就业一题来说，是选工资待遇高一点的好？还是选学习和成长空间大的好？很多同学可能都在纠结，即便做了选择，内心可能也存在忐忑。不过我想说的是，勇敢去面对，选择没有绝对的对错，你们只需要经过思考做出决定并承担做出决定后的结果。

做决定并不是一件容易的事，痛苦会帮助你成长。这种痛苦像是分娩的阵痛，也像是锻炼后肌肉重新生长的痛楚。正如美国诗人弗罗斯特的诗歌所说："林子里有两条路 / 我选择了行人稀少的那一条 / 它改变了我的一生。"决定不可能完美，它始终两难。然而，前行中思考和探索的勇气，又能激励自我继续前行。

"未经思考的人生是不值得过的"，这是苏格拉底的名言。我祝愿同学们都拥有思考的勇气，解行并进，活出属于你们自己的、独一无二的幸福人生！

2018 年 6 月 21 日

个人与时代的共振

——在 2019 年武汉学院毕业典礼上的致辞

亲爱的老师们、同学们:

大家好!

今日清晨天气有风有雨。透过行政楼的窗户，我看到学校国旗仪仗队迈着整齐的步伐，一丝不苟地完成动作，风雨中，庄严的国旗升了起来，端正的校旗升了起来，武汉学院，我们风雨无阻；原计划近 3000 人的毕业生大合唱和大合影，没有受到风雨的影响，同学们都穿着雨衣或打着雨伞来到了运动场，有一阵子雨下得更大了，而大合唱的声音更响亮，武汉学院，我们风雨同声；当摄影师通知合影开始，打伞的同学们都很快放下雨伞，统一的红色雨衣体现了你们的风貌，也体现了你们很高的素质，武汉学院，我们风雨同行。同学们，愿今天风雨中的毕业典礼让你们终生难忘。

热烈祝贺各位同学，通过十几年的寒窗苦读，终于学有所成，顺利毕业。而且你们是武汉学院转设后的第一届毕业生，今天不仅对于大家，对于武汉学院，也是意义非凡，我欣喜有加。

同时，我还想与大家分享一份个人的喜悦。经过五年的学习，包括新加坡课程的三年在职学习，上个月我以博士论文《一个全面衡量高等教育机构的方法论》通过答辩，取得新加坡管理大学的工商管理博士学位。所以，今天我也是以一名毕业生的身份站在同学们面前，我们大家一起为自己鼓鼓掌吧。

毕业是一个人开启人生新征程、蓬勃向上之时，更是人生中最重要的一道分水岭。当你们踏入社会，不仅仅是身份之变，更是责任、选择之变，也受着时代的客观制约。

我们所处的这个科技时代，对于大众越来越具有易用性和实用性，而背后的支持生态却愈加庞大和复杂。我们手中的手机凝结着无数尖端科技，大众无需思考，便能熟练使用。当你点一份外卖，简单的过程背后有无数工程师的付出、有几十颗卫星在参与保障运行。人工智能让工作越来越自动化，与此对应的，是对创造性工作的更高需求。

科技在发展，社会形态也在发展。过去的几十年，在历经全球化高速发展、产业链全球分工的阶段之后，不同国家、不同文明、不同种族，似乎又来到了一个十字路口。在时代变迁之下，我们的相处之道究竟为何？什么才是人类发展的历史大道？

这是一个可以大有作为，也很容易陷入感官享受的时代；这是一个众声喧哗、人人都可以发声，又对独立思考、深度脑力有着更高要求的时代。这些都要求我们要感受时代的脉搏，不经深入思考，就听不到时代的呼声，从而陷入盲目和盲动。

每一代人都拥有破茧成蝶的机遇和使命，“不识庐山真面目，只缘身在此山中”。我们不如多问自己能为这个时代贡献什么，把一滴水融入大江大河，和时代一起成长。这种框架和视野会引领你，让你更好地理解自己所处的位置，找准未来的方向，也能帮助你找到一群志趣相投的伙伴。

但人生绝不是一场百米赛跑，甚至也不是马拉松比赛，而是一场漫长的旅程。在旅程中，方向比速度更重要，心态比里程更长久。

我们再问这样的问题：年轻人的未来与时代的发展是什么关系？在人生的不同阶段，个人与时代是和谐共振的吗？

首先是追求自我身心的和谐。同学们今天毕业，而人生的求解之旅才刚刚开始。我们的心灵和外部世界，能力和欲望，无论你身处何种阶段和地位，其较量和平衡都会伴随一生。“且举世誉之而不加劝，举世非之而不加沮”，让自己的心灵成长，达致心与物的和谐，将是一生的修行。

其次是永葆学问精神。什么是“学问”？它不是固化的知识，中国字的“学问”，由“学”和“问”组成，是一种精神。《易经》所言“君子学以聚之，问以辩之”，这是求解和体悟；“宽以居之，仁以行之”，这是践行与实证。人生旅程，不同阶段会有不同的体验，所以我对学问精神的理解是：不固守，抱好奇，真谦逊，一直在路上。如此，一路上是不偏离方向的，追求个人与时代和谐共振的人生，在心态笃定中走出一条属于自己的路；一路上也是愉悦的，“行”中“解”，“解”中“行”，追求人生不同阶段的领悟和进步，也享受人生不同阶段的兴致。进而，我们每个个体的幸福，便构成了社会的福祉。

同学们，未来请继续保持我们武汉学院“解行并进”的学问精神，在学与问中发掘自己的天赋和才能，将其贡献于自己的人生和自己所处的这个社会。“子在川上曰：逝者如斯夫”，时间和时代如奔腾之河，沧海横流、一逝永不回。而我们内心的勇气、仁爱和热情，却可以成为彼此一生的港湾。

最后，我祝福大家做喜欢做的事，有喜欢的人，无畏地直面人生的挑战，在时代的大背景中找出一条属于自己的航路。谢谢大家！

2019 年 6 月 17 日

世界在变，何处？何如？

——在2020年武汉学院毕业典礼上的致辞

亲爱的老师们、同学们：

大家好！

借助互联网，今天我们以一种特殊的方式举行“云”毕业典礼。“网”内存知己，天涯若比邻。我想起了我们学校的“知己教学楼”，由腾讯早期创始团队成员吴宵光先生捐赠。原文古诗的这一句，正是他在21年前开发出来的社交工具——QQ的使用标语，化用在今天的毕业典礼上，更让我们的心彼此相连。

新冠肺炎疫情使全世界受到了极大影响，而我们学校所处的武汉，一度是风暴的中心。那段时间，师生们的健康和平安，一直是我们首要关心和牵挂的。令人欣慰的是，大家都“完完整整”地归来了，没有一个人落下。

疫情期间，师生志愿者有登记记录的有346名，分散各地，服务当地，武汉学院师生的表现可圈可点。会计专业大三学生郭岳确诊新冠肺炎后，做到了教科书式的自我隔离 38 天，隔离期间坚持学习、考研，并在治愈后献血救人。他说：“生命是第一位的，有能力就要去帮助别人。”信息工程学院软件工程 1702 班学生刘智威，在康复后前往金银潭医院捐献血浆参与救人，成为该捐献点最年轻的血浆捐献者。他说：“不知道自己的能量有多大，哪怕能帮上一个人，我就满足了。”还有更多未被人所知的故事，还有更多的师生，给身边的亲友和不相识的人，给学校和社区带去默默的支持。

武汉学院的每一位老师、每一位教职员工、每一位学生以及每一位家长，共同渡过了这一波疫情，为大家鼓掌！也让我们继续保持谨慎。这次疫情发生后，世界就像被按下了暂停键。和很多人一样，我也曾一度宅在家里多时。

这次疫情，也让我们有机会重新思考。这一届毕业生原本的学习生活秩序受到冲击，当前又面临严峻的就业形势；这一届毕业生经历一堂人生大课，在风暴中更深刻地了解社会、了解世界，直面自己、发掘自己。越是在迷雾中，越是要坚定信心，在迷雾中看方向、找方法，探索前行。

热点纷飞静观察

在中国的文化习惯中，整数年总是被赋予特殊的意义。2020

年本来是很多长期规划的关键时间点，比如全面建成小康社会、人均 GDP 翻两番、全面消除绝对贫困。人们在努力工作生活的同时，原本对这样一个“整整齐齐”的年份带有一份充满期待的想象。

但历史是个乖张的冷面笑匠，总是不按常理出牌。一场全球性的新型冠状病毒的大流行，打乱了所有规划的节奏。从亚洲到欧洲到北美洲到南美洲，疫情高峰迭起，累计确诊病例至今已超过 900 万例，全球一半以上人口禁足在家，经济一落千丈，美国的失业率飙至 20 世纪 30 年代大萧条时期的水平。

全球化在 2008 年金融危机之前达到顶点，之后就一直处于恢复元气的阶段。被世界卫生组织定义为“大流行病”的新冠肺炎疫情，对全球产业链和供应链造成重创，各国凸显被动。刚上任的世界银行首席经济学家卡门·莱因哈特（Carmen Reinhart）说，疫情为全球化的棺材钉上最后一颗钉子(Covid-19 is like the last nail in the coffin of globalization)。

实际上，现在几乎没有评论对 2020 年是乐观的。在我看来，社会原本的体系和秩序的确受到了冲击，全球所付出的成本巨大，但是面对短期的大幅震荡，情绪化的反应可以理解，理性思考更为需要。全球化真的已经走到尽头了吗？其实大部分的变动是阻尼运动，情况会稳定下来，就看变动会多深，稳定在哪里。过一段时间回头看当时的评论，也许相当多是悲观过头的。

我们尝试从数据上看。全球化的衡量指标之一，全球贸易占全球 GDP 的比重，在 2007 年达到历史高点 60.9%，2008 年金融危机发生时跌下来到 52.4%，之后两年呈“V”形反弹，2010 年又回到 60.5% 的高水平，2018 年这一数字是 59.5%。另一个指标，跨国公司海外收入占总收入比重表现更为稳定。标普 500 所有成分股的海外收入占比在 2008 年达到峰值 47.9%，也就是说接近一半的收入来自本土以外的其他国家市场。这一指标之后一直在 46% 到 47% 之间徘徊，到 2014 年又再次回到 47.8% 的高水平。2016 年这一指标显著回落后，2018 年的数字是 42.9%。

有研究显示，跨境贸易中一半的交易是跨国企业在各国分支机构之间的交易。从中我们可以感受到全球供应链的强大存在和影响力。即便如很多经济学家所说，因为疫情的影响，全球供应链会缩短，演化为区域供应链。但实际上全球供应链，大部分本来也就是区域化的，欧盟国家互为最大贸易伙伴，同在美洲的美国、加拿大、墨西哥也是如此，东亚三国和东南亚国家之间的贸易对区域内国家举足轻重，自由贸易区谈判也在按计划进行。

早在疫情发生之前就已经是这样了，全球形成了相互依存的关系。疫情的冲击与民粹主义在不同国家的兴起相叠加，确实显著增加了全球地缘政治风险，经济发展也面临较大的现实困境。全球化进程调整会落在如何摈除不合适的地方，如何保留合适的地方，如何发展新的地方，也不排除有些地方作深度调整，这些是在变化的。这让我想起了 2016 年诺贝尔经济学奖获得者安格斯·迪顿（Angus Deaton）的说法：疫情过后，本世纪前期的

“超级全球化”会结束，全球贸易和跨境投资难以见到前 20 年的快速膨胀；但温和的全球化不会结束。

新冠肺炎疫情让我们看到了现有模式下全球供应链的不足之处。但这些不足并不是说供应链过长，以至于停飞停航造成调度不畅和管理困难，恰恰相反，是以降本增效为目标的全球供应链管理过于激进，只以经济效益为目的，把库存视为“敌人”，不留冗余空间，造成在疫情暴发初期全球医疗防护物品大短缺，这些是必须正视和需要改进的。经过一个不断调整的过程，多年后回头看，全球供应链的韧性也许比我们现在估计的更为强大和持久。

未来变化做准备

在新冠肺炎疫情中，留在家里的各国人民展现出惊人的创造力。“云”综艺、“云”聚会、“云”蹦迪、“云”旅游，万物皆可“云”；居家办公，居家上课，居家健身，居家购物，一切皆可“宅”。这有原来生活模式被阻隔的无奈一面，也有人类需求不断适应变化的创造性一面。

除了消遣，数字化技术在应对疫情方面展现出很大的潜力和能量。在疫情开始阶段，做 CT 是其中一个重要的诊断方法，新冠肺炎患者需要至少每五天做一次，非常费时费力。人工智能开发出新算法，可以在两秒内根据 CT 片子作初步诊断，该算法可被植入 CT 机和新开发的便携 CT 机。

外卖、移动支付等在线平台与线下的社区商业布局互通，为“封城”期间的老百姓提供日常生活的关键支持。这些在过去十年间发展出来的“毛细血管”，成为中国社会在疫情高峰期维持生机的关键一招。社交媒体开通在线问诊、发热门诊地图、疫情辟谣专区，提供第一手资讯。觉得不舒服，要不要去看医生？先问问手机里的健康评估机器人。小区内是否有确诊病例？先看看手机里的疫情地图。

随着国内疫情逐渐稳定，企业帮扶、经济重启、复产复工成为重要课题。各家平台的“健康码”上线，协助跨区域人口流动，帮助关键劳动力返城，让企业有人可产、有工可复。在线会议、协同办公成为疫情期间各家企业维持运转的重要手段。

我身边的同事朋友多有抱怨，疫情期间大小线上会议不断，从早上 9 点到晚上 9 点，甚至比在办公室上班还要忙，后来发现居然有些习惯了。在线教育不仅在疫情严重的时期支撑了校内校外的学习，在疫情稳定后也帮助小、中、大学复学复课。由有资质的老师进行学历教育的课堂教学，这也是互联网科技第一次真正进入中国教育体系最核心的部分。

中国经济的整体数字化因为疫情而加速，线上线下多元和深度的融合逐渐成为不可阻挡的趋势。关注这里的机会，做好这里的规划，也许就抓住了自己职业生涯的未来。

历史启示笃行远

现在，全球疫情已开始在不同地方出现转机，比如东亚地区、大洋洲，但疫情远未结束，尤其是全面复工复产复学、社会活动和国际交往逐步恢复正常后的防控。疫情终究会过去，当下全球科学家都在携手加紧研制疫苗，人类一定有办法找到战胜疫情的办法。疫情暴露了社会的短板，这也是查缺补漏的机遇。17世纪，工业革命早期的英国人均预期寿命不过35岁，现在，这个指标翻了一倍还多。现在，大约18个月就可以量产高标准的疫苗。“阵痛期”过后，社会的公共卫生习惯将会极大提高，全球的公共卫生体系将会在合作发展中健全，相信人类整体将得到更大的健康保障。

不仅这次全球疫情，其实跨国界的议题和事务，比如全球气候问题、国际反恐问题等，以及涉及全球公共利益的资源共享与分工，无论提前主动预防还是危机被动防御，都是离不开全球化合作的。

历史是一面镜子。这不是人类第一次面对重大挫折，回望过去100年，人类碰到的大风大浪不计其数，社会依然在螺旋式上升。正如著名的历史学家斯塔夫里阿诺斯（Leften Stavros Stavrianos）在其著作《全球通史》里写到的：人类是独一无二的，是命运的创造者，而不是命运的产物。

科技的发展让很多科学家和善良的人们产生了美好的期望，

这些期望却与实际存在的社会问题、社会冲突和国际争端存在很大差距，并且差距在不断扩大。斯塔夫里阿诺斯深刻地指出：科技变革通常还是被接受和受欢迎的，因为它一般都能提高生活水平；然而文化变革则是令人恐慌和遭到抵制的，因为它威胁到传统的、令人舒适的社会标准和实践。这种“二分法”在整个历史中一直都很流行，结果也就形成了在我们自己创造的科技风暴中社会的停滞。他说，虽然历史学家们没有魔法师的水晶球，但是他们能比较确定地预测到，21 世纪既不是乌托邦，也不是地狱，而是一个拥有各种可能性的世纪。

人类的未来，不仅依靠大脑，更加依靠心灵。大变局的时代，存在很多的不确定性。我们应当做些什么？今天，我给大家带来一个毕业礼，希望里面有你们找寻的答案。这个毕业礼，不仅是给这一届毕业生的，也是属于所有武院人的，它就是武汉学院的校歌。

三年前，我开始落笔为武汉学院校歌作词，几易其稿，多番修改，听取意见，一直斟酌，总希望能更准确到位地表达我们的大学精神。疫情期间，校歌开始进行谱曲。今年 4 月 8 日，适逢武汉这座英雄城市解封，香港作曲家黄学扬先生发来了校歌的第一版旋律，国际著名大提琴家李垂谊先生根据校歌旋律定稿了英译版并大提琴伴奏，由钢琴家兼音乐指挥家约翰内斯 · 德布斯（Johannes Debus）先生钢琴伴奏。

疫情期间，《明校歌》的诞生，汇集了武汉、深圳、中国香港、柏林四地的国际合作与努力。

为了《明校歌》的首次“亮相”，学校遴选了20余位同学，其中还包括几名国际留学生，他们在家中或宿舍里先熟习曲谱，由学校的专业声乐教师组织线上辅导，再各自录音合成了校歌的演唱版本。他们倾情演唱，就是要在这个特殊时期，为大家献上这场精彩演出，为武汉学院的师生们打气！

世界在变，天地在变，不变的是我们的内心。同学们，愿大家秉持一片赤诚之心，对己对人对社会；愿大家秉持一片赤诚之心，对过去对现在对未来。

毕业了，你们是不平凡的“2020毕业生”！

祝福大家！

2020年6月22日

《明校歌》

Enlightened University Anthem

——武汉学院校歌Wuhan College Anthem

陈一丹 詞 Lyrics by Chen Yidan
李重谊英译 English Lyrics by Trey Lee
黄学扬 曲 Composed by Alfred Wong

时刻记取人性的光芒

——在 2021 年武汉学院毕业典礼上的致辞

亲爱的老师们、同学们:

非常高兴再次见到大家，热烈祝贺大家学成毕业！每年看着你们一届一届从这里走出校门，从青春稚嫩到自信从容。教育人恰似摆渡人，黄家湖畔的航船，我们在这四年里共渡同行，此时在依依不舍中互道祝福。相信此刻同学们也和我一样心潮澎湃，百感交集。大学毕业是人生中难得的几个重要节点之一，去年我们“云上”线下相结合，今年是我们在新冠肺炎疫情发生后首次全面恢复毕业典礼，尤为可贵。

为了响应近期疫情的管控措施，根据省疾控提示，这次遗憾未能前往武汉，我就在深圳与师生们线上见面。大家都是这场百年罕见风暴的亲历者和见证者，疫情带来诸多不便与挑战，但教育不停顿，学业不能停。我和同学们一样，工作不停顿，而过去一年在深、港两地走，由此人生中第一次体验到出入境隔离，最长一次是 14 天，这当然是很大的不便，加上疫情变化莫测，防控政策因时而变，有些急事不得不延后办理，这带来不少焦灼，同时这也是一种被动的过滤与屏蔽，带来更多思考时间。

灾难、疾病、生死都会逼迫我们认真审视自己的生活，回到内心，感受什么才是自己真正珍视之物。危机往往能够激发我们每一个人内心的力量，让人性中最美好的一面展现出来，带来社会意想不到的提升，这种韧性是育人的重要精神资源。

这次疫情让我们看到，人与人之间，组织、国家之间，阻隔不断的是交流。异见、分歧、病毒都无法完全浇灭人们对交流的渴望。这是一个密切联系的世界，这是一个技术发达的时代，我们有视频会议，有在线协作，但是最能激发我们内心情感的依然是面对面的交流，这就是人性中最基础的需求。

大家即将走向社会，真正承担起人生的责任，每个人都会面对不同程度不同层级的挑战，各行各业、生活家庭，不一而足，又该如何处置？其实还是可以回想，我们面对疫情时的应对之策，怀着积极的心态去作更多尝试，但始终不忘发现人性的光芒。

这种人性的光芒来自以下三点：

第一是“当下之光”。日子是一天一天过的，隔离酒店大门关上，就得待上 14 天，与其空虚焦躁，不如安然坐下，喝茶暖暖胃，看书定定神，给家人报平安，“既来之则安之”，也不失为一种人生智慧。1 月初，那天我隔离在房间，清早起来，推窗而望，看到远山之上白云飘过，在深圳湾过冬的候鸟低飞，路上车水马龙，我体悟到这就是季节轮回，生命循环，这一刻给了我很大的宽慰。每一个当下都有淡淡的喜悦，就是“当下之光”。

第二是“自我之光”。隔离时是自己面对自己，只能独处，而教育的一个重要起源是“认识你自己”，但我们常常忘记这个简单的道理。孔子有言，君子求诸己，意思是遇事多反思自己，不怨天尤人。过好人生，其第一步就是对自己负责，选择并承担；反求诸己，积极思考自己能做什么；过程中，一时无法取得突破，那也不用过于执着，接受自己，鼓励自己。

每个人总有成长的空间，终身学习是永恒的主题。我们生活在如此纷繁复杂的世界上，唯有不断探索未知，反省自律，正心诚意地去提升自我，才能成为更好的自己。这个过程永无止境，既要保持本真，又要保持开放，大胆尝试，这就是所谓的“解行并进”。

第三是“利他之光”。老子在《道德经》中说:“圣人不积。既以为人，己愈有；既以与人，己愈多。”这是中华传统文化中上善之人的价值观念与行为准则。“侠之大者，为国为民”，又是现代的一种通俗阐释。其实，我们可以通俗地理解，秉烛照亮他人又何尝不是照亮自己的路？

无论是同理心，还是慈悲心，当你有心服务他人，这种意念形成信念，信念内化为性格。“利他之心”在日常是品行，在关键时刻，便可见一人之风骨。人生匆匆过，在这个世界上留下长远痕迹的人，不论是匠人、巨人，还是普通人，一定是为自我之外的世界作出贡献的人，奉献越多，则内心的快乐愈大。

今年哈佛大学教育学院邀请我致毕业典礼的祝福词，我说道：“Congratulations, class of 2021! You did it while powering through a very special time. I hope you don’ t just embrace the best version of yourself, but BE WHAT THE WORLD NEEDS YOU TO BE and find the true meaning of your life while serving humanity; just like many of the passionate educators we met through the Yidan Prize. 祝贺 2021 届毕业生！你们在这特殊时期完成学业，我希望你们不仅仅能成为最好的自己，而且能成长为世界的栋梁，并在为人类众生服务中找到人生的真义，就像一丹奖所汇集的众多教育家一样，对自己的使命充满激情。”

今天，我也把这个祝福送给我们武汉学院的毕业生，即便在特殊时刻、艰难岁月中也不被困难磨灭初心，不忘服务社会与大众，让人性中的火与光的交织，照亮生命周遭的角角落落，如此黑暗隐遁，光明闪耀。

当学校教育结束时，社会教育才真正开始。今天是你们毕业的时刻，也是真正开启人生道路的时刻。请时刻记取人性的光芒！如此无怍无惧，便无愧天地，不负此生。

我们的远方是星辰大海，但武汉学院是大家永远的港湾，是你们的家。今天毕业了，以后欢迎常回来看看。祝福大家终身成长、生活愉快，谢谢大家！

2021 年 6 月 20 日

陳一丹

辛丑春隔離書

祝大家
身體健康！

后　记

本书结集了陈一丹先生从 2010 年到 2020 年在武汉学院“陈一丹奖教奖学金”颁奖典礼上，以及从 2013 年到 2021 年在武汉学院毕业典礼上所做的演讲。这些演讲有关教育、有关修养、有关为人、有关处事，既寄托着陈一丹先生对所有获奖师生、毕业生的期待与厚望，也凝结着陈一丹先生这些年来在教育领域实践和思考的回顾与总结，具有积极正面的引导作用。

在编辑本书的过程中，为便于阅读，编者对原本口语化的讲稿作了书面化处理，将演讲中的称谓统一改为“亲爱的老师们、同学们”，并对文稿中的相关数据进行了更新。

经过各方团队的努力，本书终于得以如期与师生们谋面。由于时间仓促，书中可能存在疏漏和不足之处，在此，恳请读者批评指正。

2021 年 6 月